改訂新版

子どもの発達が気になるときに読む心理検査入門

特性にあわせた支援のために

安住ゆう子［編著］

合同出版

はじめに

この本は、子どもの発達が気になり、心理検査を受けさせたいと思った保護者や先生方の参考になれば、と思いまとめた入門書です。専門的なことばをできるだけ使わずに検査に初めて触れる方が持つ疑問に答え、心理検査の概要と有用性、結果の理解のしかた、結果が子どもの保育や教育の場面でどのようにいかせるかを紹介しました。

全体は4章で構成されています。

第1章では、保護者や幼稚園、保育園、小中学校の先生から多く寄せられる疑問を説明し、第2章では、現在日本で広く使われている心理検査（発達、知能、認知検査）の概要を紹介しています。第3章では、事例を通して検査を受けるまでの経過、検査結果を日常生活にいかす方法を紹介しています。第4章では、検査の結果を家でもいかせる具体的支援の例として、家庭でのさまざまなお手伝いを取り上げました。

ここ10年ぐらいで発達障害や特別支援教育が広く知られるようになり、子どもの特性を知るために心理検査を受けさせたいと希望する保護者や、注目する先生方が増えています。

この本を読むことで、検査とは「自分の子ども、担当する幼児、児童生徒の特性を深く知ることができ、子どもたちの学び方がわかり、教え方のコツを発見する手がかりになるものだ」とわかっていただけたら幸いです。

特定非営利活動法人フトゥーロ＊・LD発達相談センターかながわ所長
安住ゆう子

＊フトゥーロ（FUTURO）とは、スペイン語で未来を意味することばです。

もくじ

第1章 心理検査 Q&A

第2章 主な心理検査

第3章 心理検査の結果をいかした事例

第4章 家庭でできること

第1章

心理検査 Q&A

01 心理検査、心理アセスメントということば

「心理検査」「心理テスト」「ＩＱテスト」ということばを、テレビのクイズ番組や情報番組などで耳にすることも多いでしょう。大学の先生が監修して作られたものもあれば、迷信（？）に近いと思われるものまで多種多様なものがあります。興味深くはありますが、信憑性《しんぴょうせい》に欠けるものもあります。

一方、発達の遅れや偏り、社会適応などが気になり、福祉、教育、医療機関で心理検査（心理テストと呼ぶこともありますが、この本では心理検査ということばで統一しています）を受けさせたいという希望が寄せられます。子どもの今の状況が同年齢と比べて遅れてはいないか、どんなことが苦手なのか、日々の困り感が何を背景として起こっているのか、保護者として、教師としてどんなことに気をつけて支援したらいいのか、このような情報が「心理検査」から得られるのではないかという期待感があるからでしょう。

「心理検査」とテレビの「心理テスト」との大きな違いは、検査の作成の手続きにあります。福祉、教育、医療機関で使われる心理検査は標準化といって、１つの検査を作る際には、１０００人くらいに実際に予備的なテストを行ない、内容の適切性を検討した上で、検査数値を定めています。また、どの検

査者が行なっても同じ結果が出る「検査の信頼性」、測ろうとしているものが正しい方法で測られているかどうかといった「検査の妥当性」といったこともチェックされています。

もちろん、心理検査によってその人のすべてを測ることはできませんが、測ろうと思っていることに関してはより正確に測れるように、多くのサンプルをもとにして作られ、標準化されたものが良質な心理検査です。

心理アセスメントということばが使われることもあります。アセスメントは日本語では評価、査定という意味です。子どもの発達状況を評価するには、園や学校でのようすを見たり（行動観察）、子どもの絵や書いた作品を参考にし、さらには心理検査をとって総合的なアセスメント（評価）を行ないますが、その際、「心理検査」を「心理アセスメント」と呼ぶことがあります。

状況に合った支援プランの作成や支援の成果を確認する際に、客観的な評価として「心理検査」が使われることがあります。たとえば園や小学校を訪問している巡回相談員が子どもの行動や作品を観察した結果、より客観的な情報を得て、手立てを考えることが望ましいというばあいに保育士や教員を通して、保護者に心理検査を勧めることがあります。

02 心理検査の種類

「心理検査」は大きくわけて2つあります。

❶知能や認知（脳の中で情報を集め、整理し、表現する一連の活動）の発達を知ることができる検査

❷性格・人格の特徴や発達を知ることができる検査

❶❷どちらも対象年齢や知ろうとする内容によって複数の種類の検査があるので、どの検査を行なうかは、対象となる人の主訴（困り感）や年齢に合わせて選びます。この本では❶の知能、認知検査について説明しています。

検査の方法は大きくわけて2つあります。1対1の場面で検査者の質問に対して口頭で答えてもらったり、質問紙に記入してもらう対面形式のものと、子どもの日々のようすをよく知っている保護者や先生から聞き取ったり、記録用紙にチェックしてもらう方法です。発達相談機関や医療機関で行なう検査は主に対面式のものです。集団で行なえるもの（集団式）もありますが、これらの機関では多くは1対1（個別式）で行ないます。そのほうがより正確な情報が得られるからです。

❶の知能や認知の発達状態や特性を知ることを目的で行なわれる対面式の検査には、つぎのようなものがあります。

●**幼児期――新版K式発達検査2001、田中ビネー知能検査Vなど**

●**学童期以降――田中ビネーV、WISC-Ⅲ、WISC-Ⅳ知能検査、KABC-Ⅲ、DN-CAS認知評価システムなど**

●**その他の発達の状態に関する検査――ことばの発達に関しての検査はITPA言語学習能力診断検査や絵画語い発達検査（PVT-R）、人物画を描いてもらうことで発達のようすを見ることができるグッドイナフ人物画知能検査（DAM）、目からの情報をまとめる力を測るフロスティッグ視知覚発達検査など**

また、特定の障害が疑われるばあいは広汎性発達障害評定尺度（PARS）、小児自閉症評定尺度（CARS）など、社会生活能力のようすを知るための検査では旭出式社会適応スキル検査（ASA）といったものがあります。

運動面の発達に関する項目が含まれている乳幼児対象の検査は「発達検査」、運動面の項目はなく、質問にことばで答えたり、手で作業する検査は「知能検査、認知検査」と呼ばれています。第2章では、日本で多く行なわれている代表的な検査を6つ紹介していますので参考にしてください。

03 心理検査の結果と診断の関係

心理検査の結果で診断名や障害名がつくと思われる方もいますが、そうではありません。診断は医師が診察した上で総合的に行なうもので、検査結果はあくまでもそのためのひとつの材料です。たとえば、知的発達症（知的障害）の診断は標準化された「個別式知能検査」のＩＱがおよそ70以下であることと、社会適応能力に複数の課題があることが基準になっています。知能検査の数値だけで、診断名が確定することは基本的にはありません。

また、発達の偏りを持つ発達障害である、注意欠陥多動性障害（ＡＤＨＤ）、自閉症スペクトラム障害（ＡＳＤ）、学習障害（ＬＤ）に関する診断では、知的水準や偏りを知るために心理検査の実施は重要ですが、やはり検査の数値の結果だけで診断名が確定されることはありません。

ほとんどの医療機関では、医師が成育歴（妊娠、出産時のようすや歩き始め、ことばの発達など今までの発達のようす）を保護者から聞き取り、現在の生活面や対人面、行動面、学力の状態を把握し、心理士によって心理検査が行なわれ（他機関でとった検査の結果を参考にすることもあります）、それらの情報をまとめて、最終的な診断がされます。

年齢が低いばあい、すぐに明確な診断がつけられないこともあり、経過を見ながら（半年に1回くらい継続して受診しながら）診断がつくばあいもあります。また、発達の経過によって診断名が変わることもあります。診断を希望するばあいは、その旨をきちんと医師に伝えましょう。

このように心理検査は、それだけでは診断名はつきませんが、子どもの知的発達の状況や得意なこと、不得意なことがわかるので、それに合わせた接し方、支援方法などを考えるうえで、とても参考になります。発達が気になり、子育てに心配なことがあるが、病院に行くことはためらわれるばあい、まずは福祉、心理、教育の専門機関で検査を受けることをおすすめします。

◆コラム　発達障害とは

発達障害とは一つの特定した障害名ではありません。厚労省や文部科学省は知的障害や身体障害とは別に、「自閉症、アスペルガー症候群その他の広汎性発達障害、学習障害、注意欠陥多動性障害その他これに類する脳機能の障害であってその症状が通常低年齢において発現するものとして政令で定めるもの」という定義のもとで、支援を行なっています。

また、米国精神医学会の診断分類であるＤＳＭ－５では発達障害とは、「認知、言語、運動、社会的行動の習得の障害が基本的問題」であり、「全般的な発達の遅れや特定の技能習得の障害、発達の多領域における質的な歪みなどを含むもの」とされ、精神遅滞、広汎性発達障害、特異的発達障害をあげています。

このことから、現在、日本では精神遅滞（知的障害）を発達障害に含めるばあいとそうでないばあいがあります。ただし、ここにあげている障害は重複したり、成長とともに状態像が変化することも多く、明確に診断することがむずかしいケースも多いため、医師が大きなくくりとして「発達障害」という診断を下すばあいもあるようです。また、医学的診断が明確につかないものの、類似した特性に悩んでいる本人や家族もたくさんいると考えられます。

広汎性発達障害、学習障害、注意欠陥多動性障害が発達障害の代表的な障害とされています。文部科学省の定義はつぎのようなものです。また、先にあげたDSM-5でこれらに対応する診断名は、自閉スペクトラム症／障害（ASD）、注意欠如・多動症／障害、限局性学習症／障害とされています。

●**広汎性発達障害**はコミュニケーション能力や社会性に関連する脳の領域に関係する発達障害の総称です。自閉症（自閉症スペクトラム）、アスペルガー症候群のほか、レット症候群、小児期崩壊性障害、特定不能の広汎性発達障害を含みます。

自閉症は、「ことばの発達の遅れ」「コミュニケーションの障害」「対人関係・社会性の障害」「パターン化した行動、こだわり」などの特徴をもつ障害で、3歳までには何らかの症状がみられます。また、自閉症の人々の半数以上は知的障害を伴いますが、知能に遅れがない高機能自閉症の人々もいます。最近では、症状が軽くても自閉症と同質の障害があるばあい、自閉症スペクトラムと呼ばれることがあります。

アスペルガー症候群は広い意味での「自閉症」に含まれる一つのタイプで、「コミュニケーションの障害」「対人関係・社会性の障害」「パターン化した行動、興味・関心のかたより」があります。典型的な自閉症のような幼児期のことばの発達の遅れがないため、障害があることがわかりにくいのですが、成長とともにはっきりすることが特徴です。

●注意欠陥多動性障害（AD／HD：Attention-Deficit/Hyperactivity Disorder）は、「集中できない（不注意）」「じっとしていられない（多動・多弁）」「考えるよりも先に動く（衝動的な行動）」などを特徴とする発達障害です。注意欠陥多動性障害の特徴は、通常7歳以前に現われます。多動や不注意といったようすが目立つのは小・中学生ごろですが、思春期以降はこういった症状が目立たなくなるともいわれています。

●学習障害（LD：Learning Disorders または Learning Disabilities）とは、全般的な知的発達に

遅れはないのに、聞く、話す、読む、書く、計算する、推論するなどの特定の能力を学んだり、行なったりすることに著しい困難を示すさまざまな状態をいいます。

■引用文献
「主な発達障害の定義について」文部科学省　公式ホームページ
「発達障害ってなんだろう」政府広報オンライン
「DSM－5精神疾患の診断・統計マニュアル（2014）」高橋三郎・大野裕監訳、医学書院
「LD・ADHD等関連用語集 第3版」（2011）一般社団法人日本LD学会編、日本文化科学社

04 IQは高いほどよいのか

知能や発達に関しての検査で結果を示すときにつぎの4つのことばが使われることがあります。

❶精神年齢（MA：Mental Age）
❷発達年齢（DA：Developmental Age）
❸知能指数（IQ：Intelligence Quotient）
❹発達指数（DQ：Development Quotient）

たとえば、田中ビネーⅤでは正答した合計で知的発達が何歳に相当するか、「精神年齢○歳○カ月」と結果が出されます。発達検査の発達指数（ＤＱ）の出し方もほぼ同じ考え方です。

生活年齢（実年齢）５歳８カ月のときに検査の結果で精神年齢３歳２カ月だったとしたら、２歳半くらいの遅れがあるとイメージすることができます。その反面、平均的な３歳２カ月の子どもと、発達に遅れや偏りがあり、精神年齢３歳２カ月の子どもとでは当然、状況にはさまざまな違いがあります。精神年齢にとらわれすぎず、どんな面が理解できていて何がまだわかっていないのかを知ることが大切です。

また、総合的な結果として知能指数や発達指数が出されますが、これは年齢平均を１００とし、知的発達の状態が同年齢の中でどの位置にあるかを数値で示すものです。検査によって算出方法に若干の違いはあります。ＩＱ（ＷＩＳＣ-ⅢではＦＩＱ：Full Intelligence Quotient、ＷＩＳＣ-ⅣではＦＳＩＱ：Full Scale Intelligence Quotient）、ＤＱともに１００が平均です。

数値の判定は検査によって多少の違いがありますが、次ページの表に参考としてＷＩＳＣ-Ⅳの区分を示します。

検査は人がするものなので、その時の体調や検査者との相性で誤差が出ます。ですのでたとえば、ＷＩＳＣ-Ⅳでは「信頼区間」といって誤差を含めた範囲、幅で能力をとらえます。

■ WISC- Ⅳの判定区分

ＩＱ	全体の割合	記述分類
130 より上	2.2%	非常に高い
120 〜 130 未満	6.7%	高い
110 〜 120 未満	16.1%	平均の上
90 〜 110 未満	50%	平均
80 〜 90 未満	16.1%	平均の下
70 〜 80 未満	6.7%	低い
70 未満	2.2%	非常に低い

仮にAさんのＦＳＩＱ（Full Scale IQ）が91だったとします。誤差の範囲を考慮すると、その信頼区間は統計上87〜98になります。このことからAさんの全体的な知的発達の状態は「平均の下〜平均」の範囲にあると考えます。つまり1点や2点の違いに振り回されるのではなく、子どもがどのような範囲にあるかをとらえることが大切なのです。

また、全般的なＩＱが高くても、その中で得意なこと（よくできること）と、苦手なこと（なかなかうまくできないこと）の差が小さい人も大きい人もいます。アンバランスが大きいと、一般的なやり方や説明では理解しづらく新しいことを学ぶ上で苦労することも増えます。

このようなばあい、全般的なＩＱが高いから理解できるはずと決めつけて、できないことをただただ叱って無理やりやらせようとしても、正しく身につけることはむずかしいでしょうし、苦手なことをますます避けようとするようになるでしょう。苦手な部分がわかったら、まず叱りつけるのではなく、身につけやすくするための工夫を考えましょう。またある程度の年齢であれば、本人自身が自分で工夫していく方法を考えるきっかけにつなげていきます。

もっとも大切なことは、知能の高さがその人の価値を決めているのではないということです。バランスよくＩＱが高いばあいは、学力の結果はよいかもしれませんが、だからといってその人がＩＱの低い人より人間的に優れているということなどありえません。ＩＱはその人の一つの側面でしかないのです。当然、生活能力や社会性、運動能力や芸術性、情緒的な安定や豊かさなど人の能力にはさまざまな部分がありますし、人の魅力は能力だけではかれません。

検査によってわかる知的発達の状態は、状況によっては環境調整や進路選択の重要な判断材料になりますが、どのような結果であっても結果は価値を表すものではありません。その人その人が生活を、広い意味では人生を無理なく、時にはチャレンジしながらも豊かに過ごしていくための参考としてもらいたいものです。

05

ＩＱを上げる訓練はあるのか

わが子の知的発達に遅れがある、アンバランスさがあると説明されると、多くの保護者はどうしたらその遅れを取り戻せるのか、または、低い部分を高くできるのか、と考えます。苦手なことを軽減するために子どもへの関わり方を工夫したり、子ども自身が取り組むとよいことはあります。しかし訓練によって検査のＩＱ値を上げても、それはまったく意味がありません。

以前、幼児早期教育の宣伝で「3カ月間でＩＱを20ポイント上げます」というキャッチコピーを見たことがあります。その教室で作ったＩＱ検査とほぼ同じワークシートを3カ月間毎週練習し、3カ月後に再度その検査を行なった結果、ＩＱが20ポイント上がりますと言っているのです。これはＩＱが上がったのではなく、検査の内容をくり返し行なうことで、練習の効果が現われたにすぎません。

そっくり同じことを訓練すれば、検査の得点は上がるかもしれませんが、そのことは何の意味もありません。心理検査の内容の一つ一つは、ある能力を測るために作られた、象徴された一つの問題で、その問題ができるようになることに意味があるのではなく、問題を解く背景になっている能力が育っていることが大切なのです。

ＩＱ自体は、幼少期は発達の途上にありますので、比較的変動があるものです。一般的には小学校高学年以上くらいの年齢になるとそんなに大きな変動はみられなくなります。また平均的な発達をしている人を基準に数値が定められていますので、遅れや偏りを持つばあい、年齢が上がると若干数値が下がるケースが多く見られます。

検査からわかった傾向をふまえて意識的に環境調整や課題に取り組み、プラスの経験をした成功体験によってＩＱが上がることもありますが、ＩＱの数値を上げるために訓練をしているのではありません。

ごくごくまれな例ですが、前に検査の練習をしてから受けたという話を聞くことがあります。練習をすれば結果が高く出るのは当たり前のことで、本来の意味がまったくなくなってしまいます。心理検査は学校の学力テストとは違い、高得点を出すことが目的ではありません。

地域によっては検査の数値が在籍学級や通級指導教室を利用する際の判断基準に使われることがあるため、ＩＱの数値を上げたいと希望する保護者がいます。その気持ちはとてもよくわかりますが、ＩＱの数値を上げること自体が重要なのではなく、その子どもが本来持っている力が十分に発揮され、日常生活で困らない場面が増えていくことが大切なのです。

06 教師が保護者に心理検査を勧めるには

平成19年度から学校教育法に「特別支援教育」の考え方が導入されました。それにより障害のある児童生徒の自立や社会参加に向けて一人一人のニーズを把握し、その子に合った教育を、場を限定せずにすべての学校において行なっていこうという課題が提示されました。通常の学級を担任する先生方も特別支援教育について考える機会が増え、学びや生活で苦戦している子どもたちの背景にある発達の遅れやアンバランスさを理解したり、心理検査の意味を理解し、正しく活用することによって、支援の手がかりにしようとしています。

しかし「生徒に心理検査を受けてもらい特性を知りましょう」という先生側からの提案に対して、保護者の受け止め方はさまざまでしょう。「子どもにとってよりよい方向性が見えてくるものならやってみよう」と積極的に勧めに応じる保護者もいるでしょうが、検査をとても特別視したり、強いマイナスイメージを持っている人もいます。

私たちのところに相談に来られる方にも、「夫には相談していません。検査は好きじゃないといって私の話を聞こうとしません」という方、「心理検査を受けること＝通常学級から特別支援学級に移ることになるので受けたくない」という方もいます。

在籍を変えることは、心理検査の結果だけでなくその子の現在のようすや将来のこと、子どもの気持ちも含めて総合的に考え、時間をかけて決めることで、1回の検査の結果だけで即、特別支援学級に転籍になるわけではありません。

保護者に検査を勧めたいばあい、今まで先生は自分なりに生徒への対応の工夫をされていたと思います。その具体的な実践、こうしてみたらよかった、こういう接し方はよくなかったということを保護者に伝えるとともに、「より効果的な対応をするための手立てを知るために」、と検査を紹介してはいかがでしょうか。ただし、無理強いして保護者との関係を悪くしてまで勧めるのもおすすめしません。保護者自身が納得したタイミングで受けるのが一番です。

◆コラム　特別支援教育における連携

障害のある児童生徒に対して、それぞれの特性に合わせた支援の必要性が強調されています。発達に遅れやアンバランスさを持つ子どもたちが、進学による環境変化に対応できるように、幼稚園・保育園と小学校の連携、小学校と中学校の連携が進められています。子どもの実態や支援内容を記載した「個別指導計画」や「個別支援計画」の作成、園・小中学校の双方の参観、情報交換会などがそれにあたります。

また、児童指導コーディネーター、特別支援教育コーディネーターという、園や学校で保護者や担任の相談に乗り、お子さんの支援方法を組織全体で考えるためのまとめ役を果たす先生が各園や学校にいるはずです。入園・入学に際しての保護者としての懸念、子どもが環境に適応できるかどうかの不安などは、ぜひコーディネーターに相談してください。

■参考
「特別支援教育を推進するための制度の在り方について（答申）」平成17年12月8日発表　文部科学省中央教育審議会

07 心理検査を受ける場所、行なう人、費用

心理検査は、福祉、教育、医療機関で受けることができます。具体的には公立の療育センター、教育センター、発達支援センター、児童相談所、発達に関する診察を受け入れているクリニックや総合病院の発達外来、児童精神科などに相談してください。発達の遅れや偏りを持つ子どもの相談や療育

を行なっているＮＰＯや民間の療育相談機関でも受けられるところがあります。
心理検査の費用は、公的相談機関では基本的には無料で、医療機関では保険適用か保険外かによって大きく異なります。民間機関では基本的に有料で、１つの検査と面談を合わせて1万5千円～2万円が目安になっています。機関によってできる検査の内容や待ち時間、面談の時間なども異なりますので、予約の際に相談してください。専門病院ですと半年以上待たなければならないこともあるようです。小中学校にある通級指導教室を利用している子どものばあい、そこで受けられる可能性もあります。

現在のところ、日本では心理検査を行なうのに必須資格はありません。しかし、ほとんどの検査者は大学や大学院で心理学を学んだうえ、専門学会の認定資格としての「臨床心理士」「臨床発達心理士」「学校心理士」「特別支援教育士」の資格を持った人たちです。また、言語聴覚士、作業療法士、通級指導教室の教員などが研修を受け、検査をしている例もあります。欧米などでは心理士は医師や看護師と同じように国家資格で、心理検査が行なえる専門職が明確にされています。日本でも資格化に向けての動きがここ数年で大きく進んでいますので、今後欧米のような形になることも予想されます。

08 検査にかかる時間

実施時間は検査の種類、子どもの年齢によって違うので一概には言えませんが、おおむね1時間前後、長くても1時間半くらいが目安です。

個人差はもちろんありますが、そのくらいが限度で、それ以上長時間になると疲れてしまい、実力が発揮できない可能性も出てきます。また、検査自体もそのくらいの時間で終わるように作られています。

多くの心理検査はすべての子どもにまったく同じ問題を出すのではなく、年齢相応の問題から始め、その範囲でできない問題があったばあい、やさしい問題にさかのぼり、その後年齢より上のむずかしい問題を行ないます。そしてある程度わからない、答えられない状態が続いたら終了するという流れになっています。

また、制限時間がある問題もありますが、特に時間が定まっていない問題では1つひとつの問題をじっくり考えて答える子ども、非常に早く答える子ども、たくさんおしゃべりする子ども、最低限のことしか言わない子どもなど、子どもによっても検査時間が変わってきます。

同じ検査は基本的には1日に1時間間前後で行なうことが望ましいとされています。年齢の小さい子どもでは、一つの検査が短時間で終了したばあい、複数の検査を一度に行なえることもあります。反対にじっくり考えるので検査時間が長引く、また集中時間が続かない等の理由でときには一つの検査を2回にわけて行なうこともあります。

検査を受ける時間帯は、それほど神経質にならなくてもよいですが、ほぼ初対面の検査者から初めてのことを聞く時間が1時間程度続くという状況を考えると、精神的にも肉体的にも疲れすぎていない、その子本来の力が発揮できる時間に受けるようにします。そう考えると小さい子どもなら午前中や午後の早い時間がよいでしょう。体力もつき、学校が終わった後でも取り組みにさほど影響が出ないと思えるなら夕方でもよいでしょう。早い時間がいいが園や学校を休ませたくないばあいは、夏休みや春休みなどの長期休みや、行事の代休などを利用するとよいでしょう。

09 保護者の同席

検査をするとき、基本的には保護者は別室で待っていてもらいますが、幼児などで親と離れてよく知らない検査者と1対1で検査を行なうことがむずかしいばあい、同席してもらうこともあります。

同席するばあいにまず大事なのは、答えを誘導するような素振りを見せたり、子どもの答えに正誤の判断を示したりしないということです。お母さんの顔色をうかがいながら、積み木を数える手を止めたり、お母さんが見ている方のカードを選んでは、その子どもの正確な能力が測れません。間違っていても合っていても、あくまでも同じ表情で、淡々と傍らに（できれば背後に）寄り添ってください。また、普段わかっているはずのことが検査のときにできないと感じることもあるかもしれません。これには2つの理由が考えられます。

1つ目は、初めて来た場所、知らない検査者、初めての体験に過度に緊張したり、不安になって知っていること、わかっていることも言えない、できなくなってしまうばあいです。

2つ目は、日常生活ではさまざまな状況の中でやりとりが成立しますが、検査場面ではノーヒントで答えなければならないという状況の違いによるものです。たとえば日常生活では、のどが渇いているから「お茶ちょうだい」と言いたくなるわけですが、検査では自分の意思や流れとは関係のないことを、いきなり質問されます。つまり生活の中には多くのヒントがあり、答えを考える手がかりになっていますが、検査ではそれがなく、あくまでも指示を理解して答えないといけません。そのため、普段はわかっているはずのことが検査場面で答えられない、ということもあります。検査はヒントのない状況で理解できる力があるかどうかを測っています。

検査内容による反応の違いで、1つ目の影響か、2つ目の影響か判別がつきます。1つ目の理由で、わかっていることも答えられないという緊張や不安が過度に強いタイプのばあいは、事前にそれが予測できるのであれば、子どもへのプレッシャーを少しでも軽減するために、下見に通って慣れた後検査を受けるとよいでしょう。

10 心理検査の受け直し

心理検査は一度受ければよいものではなく、間隔をあけて受け直す必要があります。検査結果はその年齢の平均との比較で解釈します。現在4年生、10歳の子どもが5歳のときに検査を受けていたとします。5歳以降、子どもはさまざまな経験を積み重ね成長発達していますし、加齢による色々な変化も考えられます。つまり5歳の時のＩＱの数値や偏りの状況と現在は変わっている可能性が大きいわけです。

また、年齢によって行なえる検査の種類が違いますので、幼児期にとった検査の結果はあくまでもその時の状態を示していると考えるべきです。こういった意味合いで再検査は大切です。多くの知能・認知検査は成人前であれば最低は1年間、できれば2年間ほどあけて再検査をすることが推奨されています。なぜかと言うと、あまり検査の間隔が狭いと、子どもが内容を覚えていて、「学習効果」といって本来の数値より高く出てしまう可能性があるからです。細かい問題を覚えていなくても「ああ、こんなものやったな～」というおぼろげな記憶でも検査結果を上げる可能性があります。経験からいうと記憶力のよい子どもは1年くらいでは忘れません。2年くらいあけるのがおすすめです。

逆に3年以上前の検査結果は参考にはなるものの、現在の実態をとらえるにはあまり適切ではないと考えるべきです。発達検査のばあいは年齢の低い、発達の変化の大きい時期を対象にしているため、半年に1度程度の間隔でとられることも多いようです。療育手帳では自治体によるようですが、3歳、6歳、12歳など時期をおいて再判定をし、その都度検査をとり直し、該当程度区分の見直しがある地域がほとんどのようです。

11 検査を受ける子どもへの説明

子どもの年齢、検査を受ける目的によって説明のしかたは違います。幼児から低学年の子どもでしたら「先生とクイズとかお話をたくさんするところだって、おもしろそうだね」と言っていただければと思います。中には注射をすると思っておびえて来る子どももいますので、そうではないこと、発達検査を除けば基本的には保護者とは離れて検査を受けるので、お母さんと離れて一定時間過ごすこともあらかじめ伝えておいた方がよい子どももいるでしょう。

小学生に「今日はここで何をするってお母さんに言われてる？」と聞くと「ただ、行くよって言われた」と教えてくれる子どもが少なからずいます。何と伝えたらいいのかわからない保護者の気持ちが察せられます。自分の苦手さや困り感をある程度気づいてきた子どもなら「クイズみたいなものを色々やると自分の得意なことや苦手なことがわかるんだって」「苦手なことの対策方法についても教えてもらえるんだって」「それを聞いてお母さんもヒントがもらいたいんだけど」などと伝えるとよいでしょう。

「検査」ということばに敏感になってくる思春期の子どもには「スポーツ選手も受けているんだって（事実です）。自分の実力がうまく出せる方法がわかるかもしれないよ」とか「勉強のしかたの参考になるんだって」と言っていただくとよいでしょう。検査を申し込むまでにとてもに悩み、決心される方もいると思います。たとえば子どもの学習の理解がなかなか進まないことが心配で申し込むこともあるかもしれません。だからといって「あなたが勉強がちっともできないから見てもらうのよ！」などと子どもに自信を失わせたり、不安感を持たせるようなことは決して言ってはなりません。

また、進学や療育手帳取得のために受けることが必要なばあいは、検査自体の説明の前に進路選択について十分本人と話し合っておくことが大前提です。その選択を本人が納得していれば検査はそのために必要な一つの資料ですから抵抗はないと思います。

12 検査結果の保護者への説明

検査結果の説明（結果面談ということが多いです）の時間は機関によってさまざまです。検査実施者（多くのばあいは心理士）本人から説明されることが多いものの、病院などでは医師から説明されるばあいもあります。

一般的には、検査時に子どもがどう取り組んだかの説明、全体的な結果（ＩＱ値や精神年齢）、子どもの中の得意や不得意の偏りの傾向、特徴などの説明があります。心理士はこれらの結果をふまえて家庭や集団で配慮や支援が必要な面、それらに対しての実際の手立てなどをアドバイスします。

学校の進路選択に向けての検査でしたら、結果に基づいた教育環境の提案があります。また、結果の報告の前に今回検査を受けた目的、子どもの成育歴（歩き始めや話し始めなどの発達の経過）や教育・医療・療育歴、現在の生活や学習のようす、保護者や子どもの困り感、興味関心等を聞き取ったりシートに記入してもらったうえで面談をする機関が多いでしょう。これらは検査結果を解釈するうえでとても大切な情報です。療育手帳取得のばあいは「判定」が目的なので、このような時間をかけた説明はないようです。

初めて子どもが心理検査を受ける時、複雑な思いを持たれる保護者も多いと思います。「1回の検査で何がわかるのか」「我が子によくないレッテルが貼られるのではないか」「自分の思いとは違う我が子の進路が決められてしまうのではないか」など不安な気持ちもあるでしょう。

また結果は保護者が期待したもの、予想していたものと違うかもしれません。疑問に感じたことは遠慮なく質問し、伝えられたことを自分なりに整理して、納得して結果面談が終われるようにしましょう。事前に聞いておきたいことなどを箇条書きにしておくと聞き漏らしが減ります。

また、結果を報告書として書面でもらえるとあとで確認したり共有するのに便利ですが、それができる機関（民間機関などは有料になることもあります）と、口頭での説明のみの機関があります。口頭のみの機関では後から思い出せるように記録していい範囲を報告者に確認してメモをとっておきましょう。

近年、心理検査の認知度が高まり、内容が過度に広まってしまう危惧から記録に残してよい範囲が決められている検査もありますので注意してください。

13 検査の結果を園や学校と共有する方法

教育センターなどでとった検査結果が直接、園や学校などに報告されるのでは、と思っている保護者もいますが、心理検査の結果は個人情報ですので、保護者の同意なく外部に伝わることはありません。

しかし何のために検査を受けたのかを考えたとき、心理検査という客観的なデータをこれからの子どもへのよりよい子育てや成長に向けての参考として活用しようという思いであったら、子どもが多くの時間を過ごす園や学校の先生に子どもの特性について知ってもらい、そのうえで配慮してもらうことが望ましいと思います。

心理検査は客観的なデータをもとにした結果ですので、先生から保護者の独りよがりと思われることもなく、理解してもらいやすいでしょう。検査に関しての知識は先生によって差がありますので、園や学校の先生が読んで理解できる報告書を作ってもらい、渡すとよいでしょう。

熱心な保護者は自分で子どもの特性や対応方法についての書類を作り、担任の先生に渡しているようです。通常の学級の担任に渡すなら、30人前後の子ども集団の中で1人の担任の先生が実行可能な具体的な手立てを絞って（3つ前後というところでしょうか）お願いするとよいでしょう。たとえば「先生の指示が聞き取りやすいように座席は前の方にお願いします」「時間割の変更が出たばあい、わかり次第早目に伝えてください」「発表の際、何人かの見本を見せてからやらせてください」などがあげられます。学年が変わり担任が変わると、引き継ぎをお願いしても伝え漏れてしまうこともあるかもしれません。年度が替わる都度、改めて伝えてください。

特別支援学級に在籍して個別支援計画のシートに検査の結果を記入する欄があるばあいは、そこに記入し学年が上がっても申し送られるようにしましょう。また、再検査した時はその結果も随時報告し、園や学校の先生たちと良好な連携をとっていきたいものです。

14 家庭でできること・療育施設の役割

子どもの発達を促す方法や環境はたくさんあります。まず家庭での安定した親子関係、きょうだい関係の中での日々の生活がもっとも大切です。身の回りのことが自分でできるようになる、していいことと悪いことのしつけ、日々のおしゃべり、一緒に遊ぶ、お手伝いをお願いすることの中に、子どもが成長するための土台があります。

ただ、両親ともに働いている、下の子がまだ小さい、夫の協力が得にくい、親の介護があるなど家庭によってはその子に対応しきれないこともあるかもしれません。すべてお母さん1人で完璧にやろうなどと思わず、地域の子育て支援や親同士のネットワークなどをうまく利用しながら、子どもと接する時間がもてるように考えてみましょう。

つぎに保育園や幼稚園、学校といった毎日通う集団生活の中で身につけられることもたくさんあります。親だけで教えられる範囲は限られています。子ども同士という年齢の近いモデルがいて、多くの人数だからこそできる遊びがあり、その年齢の子どもと数多く出会っている先生方との中での学びや関わりは大切です。

ただし、発達に遅れや偏りが見られたとき、親の経験でしつけたり、遊ばせることには限界を感じるかもしれません。年齢相応のおもちゃを用意しても興味を示さない、好きな遊びだけをひたすらやっている、ダメと言ってもちっともやめない、宿題を嫌がる、友達と喧嘩ばかり、遊びのルールが守れない、園や学校に行きたがらないなど対応に戸惑うこともあるでしょう。

面談や検査の結果で、子どもの困り感の原因がわかり、対応の見通しがもてることも多いですが、だからといって明日からすべてが解決するわけではありません。子どもの特性をふまえた上での繰り返しの成功経験の中で遊びが広がり、いけないことがわかり、ルールが守れるようになり学力も定着します。

それがスムーズにいくように支援をするのが療育（療育機関での指導）です。療育指導は子どもの発達段階に合わせ、興味や関心が持てるような場面設定（一度にやる時間や量、むずかしさ、人数、部屋、おもしろさ）を工夫し、子どもが「わかった！」「できた！」「おもしろい！」「こうすればいいんだ！」と感じられるような配慮のもと指導を進めますので、保護者が子どもをほめる機会も増えます。

また、家庭での接し方や子育ての工夫、園や学校での活動の参加のしかたの提案やアドバイスももらえます。保護者のグループ懇談会などがあるばあいは他の保護者の対応のしかたを見聞きすることもできますので、参考になります。

公立の療育機関は多くのばあい、保護者の付き添いが必要ですし、平日開設しているところがほとんどです。

小学校ではほとんどの学校に固定の支援学級が、何校かに一校の割合で通級指導教室が設置されています。これらの教室で少人数でのお子さんに合った社会性や学習の支援を希望するばあいは、地域の教育委員会の相談を経て利用します。学校の範囲ですから、基本的には平日で、自分の学校以外の通級指導教室を利用するばあいは親と一緒に行く必要があります。

仕事や家庭内を調整して公的機関を利用されている保護者も多くいますが、仕事を休まないといけない、園や学校を休ませたり、途中で抜けて行かせると園や学校生活に支障が出るのではないかと心配、または周りの目が気になる、などのさまざまな理由で夕方や土曜日に行なっている民間の療育機関や大学のセンターなどを利用される方もいます。

療育指導を受けさせたいけれども物理的・経済的にむずかしいと悩まれた時、子どものよりよい成長とともに家庭の状況をふまえ、優先順位をつけることが大切だと思います。仕事、上の子ども、下の子どもいずれも大切でしょうが、たとえば今年は何を一番に選ぶかという選択方法があります。

私たちの機関にきょうだいともに相談に来ていたお母さんは、「今年は上の子が入学するので、それを中心に考え、来年は下の子に力を入れます」とたくましく教えてくれました。定期指導の際、送迎ボランティアを利用されていた方もいました。

また、子どもの体調や気持ちも十分考えて利用してください。3つも4つもかけ持ちでは子どもは混乱してしまいますし、年齢の小さい子どもは、あまり遅い時間では疲れてしまい、不機嫌な状態で療育を受けても成果は期待できません。家庭の状況を総合的に考えて自分の家庭に合った子育ての環境を作りましょう。

15 子どもに検査結果を伝える

私は検査が終わった直後にはチャレンジしたことにお礼の意味を込めて声をかけます。小さい子どもに「よくがんばったね、楽しかったね」と、小学校高学年くらいなら「お疲れさま、ありがとうございました」とお互いにあいさつします。保護者も検査室から子どもが出てきたら「お疲れさま」と労ってあげましょう。

検査中に「合ってる？」と聞いてくる子どももいますが、（検査では正誤は伝えないので、受ける側としては気になるところでしょう）全部が終了した時は子どもたちも「出し尽くした～」という感じで結果について聞いてくることはほとんどありません。が、帰り道や家に帰ったときに「あの結果どうだったかな～」と気にする子どももいるようです。

また、そもそも検査をする前に「なぜやるんだろう」と疑問を持っている子は、結果も気になることでしょう。心理検査の結果＝診断名や障害名の特定にはなりませんので、心理検査の結果のみから障害の告知をすることはありません。

自分の得意／不得意がわかる、苦手なことの対処方法がわかる、勉強のしかたの参考になるなどの説明を受けて検査に挑んでくれた子どもにはそのことを伝えてあげなくてはなりません。私のところでは時間や費用的な制約もあるため、強い希望があるときは本人に直接話をしますが、多くのばあいは保護者を通して伝えてもらいます。

本人が知りたいと思っているときはまず得意な能力について、つぎに苦手と思われる能力とそれに対しての対処方法を話すようお願いします。そのためには保護者は、伝えられるよう説明をしっかり聞き取る必要があります。

本人がそれほど意識していないばあいでも、困難さを軽減していくことを目的として検査を受けたことを理解していたり、ある程度の年齢（小学校高学年くらいが目安でしょうか）になっていれば、本人にも自分の特性をわかってもらい、対処法を自ら試してもらいたいものです。子どもに「この前やった検査からこんなことがわかったんだって」と話し、「見本通りに書き写すことが得意だって。でも長い話を聞くことは苦手らしいから、大切なことはメモをとる習慣をつけるといいよ」などと今後の改善策や工夫のポイントを伝えられるとよいでしょう。

16 進学や就職のために受ける心理検査

いわゆる一般的な公立・私立受験や就職活動において心理検査を必要とすることはありませんが、発達の遅れや偏りを配慮した教育、就労環境を選択する際多くの場合は、心理検査を受ける必要があります。

学校教育では特別支援学級（個別支援学級など地域によって呼び方は異なります）や特別支援学校（養護学校）の入級や入学を希望する際に地域の教育センターで検査をすることになります。通級型の特別支援学級のばあい、行動観察といって集団の中での子どものようすとＩＱの結果が選考基準になり、検査で一定の数値が出ないと利用できない地域が多いようです。

就職においては知的障害者の手帳（療育手帳、愛の手帳と呼ばれることもあります）を利用して福祉就労をするばあい、手帳の申請の際、心理検査を受けます。また障害者手帳そのものは就労のためだけのものではなく、さまざまな相談・支援を受けるためにも必要で、幼児期から申請が可能です。障害の程度によって級がわかれていて、級によって異なりますが、電車賃や公共機関の利用料の減額などの補助制度もあります。

申請基準や手続きの詳細はお住まいの児童相談所（18歳以上は知的障害者更生相談所）に尋ねるとよいでしょう。また、入級判定の際は他機関でとった検査結果も参考にはなるようですが、療育手帳の申請の際は来所したその地域の児童相談所でも必ず心理検査（多くのばあい、田中ビネー知能検査（51ページ参照）をするようです。

17 合理的配慮における心理検査の役割

2016年（平成28年）4月に「障害を理由とする差別の解消の推進に関する法律（通称「障害者差別解消法」）が施行されました。この法律により、行政機関や学校、企業などの事業者は①障害を理由とする不当な差別的取り扱いの禁止と、②合理的配慮の提供義務が課されました（行政機関・地方公共団体、公立学校においては①②ともに義務であり、民間事業者や私立学校に関しては①は法的義務、②については努力義務となっています）。

合理的配慮とは、「障害のある人が、そうでない人と同じように人権及び基本的自由が保障されるための必要かつ適当な変更及び調整とされ、実施の際には過度の負担を課さないもの」をいいます。

具体的な学校場面では、例えば多くの情報を聞きとって覚えておくことが苦手な子にメモに書いて示す、気持ちが高ぶりやすく切り替えが苦手な子にクールダウンできるスペースを確保する、書くことがむずかしい子がパソコンで打ったものを印刷してレポート提出することを認めるなどがあります。

合理的配慮を得ることで、もともと持っているある能力が、別の能力に阻害され発揮できていない状況が打開できる可能性があります。例えば「考えたことを表現する力」はあるけれど、「文字にして書く」ことがスムーズでない子がいたとします。もし、手書きの文章での表現しか認められないとしたら、その子の真の能力を評価することはできないでしょう。しかしデータで入力してもよいとしたらその子の能力は正しく評価され、その結果学習意欲は保たれ、学力も向上するでしょう。

この合理的配慮を受けるためには本人および保護者の意思をもとに関係者が話し合いを持ち、合意形成（「このような困難さ」のために、「こういった配慮」をしましょうとお互いが了解すること）を得て実施することが大切です。配慮申請の際は困難さの根拠として診断名とともに心理検査による特性把握も大事になってきます。検査から認知特性が明らかになればそれを踏まえた配慮を考えていくことができるからです。現在小中高、大学において合理的配慮を取り入れていくことの重要性は理解されつつありますが、浸透しているとは言い難い状況にあります。今後、合理的配慮が必要な子どもたちが抵抗なく支援を受けられる環境になっていくことが望まれます。

＊合理的配慮を受ける際の診断や心理検査受検の必要性の有無は機関によって異なっているようです。ちなみに大学センター試験では「受験上の配慮申請書」の他に、所定の診断書および状況報告・意見書の提出が必要で、診断書には、診断名の他に、志願者が希望する受験上の配慮が必要な理由および心理・認知検査や行動評定等を記入する欄が設けられています。申請を検討される場合は機関の情報をご確認ください。

■参考／引用文献
障害を理由とする差別の解消の推進に関する法律　内閣府ホームページ
受験中の配慮案内　独立行政法人大学入試センターホームページ

■第1章は、安住ゆう子（2013年4月号〜9月号）『基礎から学ぶ心理検査』「発達教育」（発達協会）の連載をもとに大幅に加筆しています。

第2章

主な心理検査

1　WISC-Ⅳ知能検査

アメリカの心理学者、デービットウェクスラーは知能を「個人を取り巻く外界を理解し、処理する能力の総体」ととらえ1939年に成人知能検査（ウェクスラー・ベルビュー知能検査）を発表しました。それ以来、幼児向け、児童向けなどの検査を作成しました。その後検査はその時代に合わせて改訂され、広く全世界に広がっています。

現在は日本でも3つの検査がウェクスラー式知能検査と呼ばれ各地の医療機関や教育機関で使われています。

■幼児版（対象年齢3歳10カ月〜7歳1カ月）のWPPSI〈ウィプシ〉

■学童版（対象年齢5歳0カ月〜16歳11カ月）のWISC-Ⅳ〈ウィスクフォー〉

■成人版（対象年齢16歳0カ月〜89歳11カ月）のWAIS-Ⅲ〈ウェイススリー〉

ちなみにWISC-ⅣとはWISCの第4版という意味です。ここではなかでも幼児から学童対象のWISC-Ⅳに関して説明します。WISC-Ⅳは10種類の基本下位検査（必ず行なう検査）と5つの補助下位検査（状況に応じて行なう検査）で構成されています。質問にことばで答えてもらったり、指さしして回答してもらったり、ルールに従って記号を書いてもらったりします。検査時間は子どもの年齢や、考えてから答えるまでの時間によって多少の差はありますが、おおよそ10の下位検査で1時間弱、15検査を行なったばあいは1時間15分程度かかります。

この10の下位検査の合計の結果で、子どもが同年齢の子どもの中でどの知的発達水準にあるかがFSIQ（Full Scale Intelligence Quotient）という数値で知ることができます。またウェクスラー式知能検査では知能は多くの独立した能力の集まりと考えていて、WISC-Ⅳでは、その多くの能力を4つのグループ（指標）にわけ、その得点（指標得点）間のばらつきによって能力特性を把握することができ、本人の中での得意や不得意の傾向を知ることができるようになっています。

次ページの表はWISC-Ⅳの4つの指標の名前と、その指標が測っている能力を示します。それぞれは具体的な数値で表されますが、検査には誤差がつきものですので、誤差範囲も含めた幅をもってとらえます。

5歳以降に心理検査を受けるばあい、知的発達が年齢相応だけれどアンバランスさが見られるばあい、まずこのWISC-Ⅳを行なう機関が多いです。

全体の発達水準が低かったり、偏りが大きい結果が出たとき、保護者は落胆するかもしれませんが、子どもに何をどの程度どのような方法で身につけさせればいいのか知り、生活や学習にいかしていく

■ WISC-Ⅳの４つの指標と測っている能力

指標の名前	測っている主な能力
言語理解（VCI）	ことばをまとめて考える力、ことばによる推理力や思考力、ことばによる知識の習得能力
知覚推理（PRI）	ことばによらない（視覚情報に対しての）推理力や思考力空間を把握する力、目で見て手で表現する力
ワーキングメモリ（WMI）	聴覚的なワーキングメモリ、注意や集中する力
処理速度（PSI）	視覚情報を速く正確に処理する力、注意視覚的な短い記憶能力、目で見て書く力

ことが大切です。

偏りが大きいばあい、得意な力を利用して苦手なことを身につけることが基本となります。たとえば「言語理解」の得点が低く、「知覚推理」の得点が高かったばあい、多くのことばで説明しようとはせず、端的で具体的なことばかけとともにやって見せる、そのものを見せるなど目からの情報で理解を補っていくなどが考えられます。

ただし、それぞれの指標の中での下位検査でばらつきがあるか、４つの指標間のバランスがどうかなどといったことや、検査の結果が日常の子どものようすと重なるかなどをふまえて検査者は解釈しますし、１回１種類の検査ですべてがわかるということはありません。結果を保護者が独断で判断することなく、また疑問に思うことは質問をしましょう。

■参考／引用文献
Wechsler,D 著、日本版ＷＩＳＣ－Ⅳ刊行委員会訳編（２０１０）日本版ＷＩＳＣ理論・解釈マニュアル、日本文化科学社
上野一彦、宮本信也、柘植雅義責任編集（２０１２）Ｓ・Ｅ・Ｎ・Ｓ養成セミナー　特別支援教育の理論と実践　Ⅰ概論・アセスメント、金剛出版

2　田中ビネー知能検査Ｖ

フランスの心理学者アルフレッド・ビネーと弟子で共同開発者であるテオドール・シモンによって１９０５年に世界初といわれている知能検査が考案されました。これを原型に１９１６年、アメリカの心理学者であるターマンによってスタンフォード・ビネーが作られ、これをもとに教育心理学者で、日本の心理測定の先駆者である田中寛一によって、１９４７年に田中ビネー知能検査の初版が完成しました。その後改訂を重ね、２００３年に第五版の田中ビネー知能検査Ｖが刊行されました。

ビネーは、知能とは「方向性」（問題に向かって集中し、理解する能力）、「目的性」（理解した上で遂行し、結果が得られるまで目的を失わずに反応し続ける能力）、「自己批判性」（方向性や目的性をクリアした上で自己の反応結果について自己批判する、客観的な評価能力）という３つの側面をもっ

た心的能力で、「個々の能力の寄せ集めではなくひとつの統一体である」という知能観に立っていました。

また、知能検査を作成するにあたって「4歳の大半の子どもたちはできないが、5歳の子どもの半分ぐらいはできる、6歳の子どもたちにとっては簡単で、ほとんどができてしまう」という年齢による発達が見られる問題を探し、年齢に応じた問題構成としました。田中ビネー知能検査Vでは、対象年齢は2歳~成人ですが、1歳から13歳までの問題は3歳級の問題、4歳級の問題というように年齢ごとに12問、または6問ずつ設定されています。その結果で精神年齢や、生活年齢と精神年齢の比によって知能指数が算出できるようになっています。

また問題の実施法が1問ごとに違う構成になっているため、つぎつぎ異なった課題に取り組むことになり、年齢の小さい子どもや発達に遅れがみられる子どもも飽きることなく行なうことができるようになっています。これらの特徴から幼児に対して多くの療育センターで行なわれています。また、14歳以上では測ろうとする能力を「結晶性」「流動性」「記憶」「論理推理」の4領域にわけて特徴を見ることができるようになっています。検査時間は子どもの年齢や反応速度、能力のばらつきによって異なりますので、約1時間から1時間半と考えたらよいでしょう。

検査では、たとえば名詞などの語い力の把握や物の用途の理解、数の操作、図形の模写などさまざまな問題をテンポよく行なっていきます。

検査の結果は数値だけではなく、正解した問題、間違えた問題の傾向やその子どもの反応のようすも読みとったうえで、だいたい何歳を目安に、どんな面に特に力を入れて支援したらいいのか、どんな部分は得意なのか、教育環境はどうしたらいいのかなどを検討する材料になります。

■参考／引用文献
田中教育研究所編（２００３）田中ビネー知能検査Ｖ　検査法、田研出版

3 DN-CAS認知評価システム

ＤＮ-ＣＡＳは全体的な知的発達の水準を知ることよりもむしろ物事のとらえ方の特徴を知ることを目的に、ＷＩＳＣやビネーの結果をふまえて行なわれることが多い検査です。

ロシアの神経心理学者、アレクサンドル・Ｒ・ルリアは、知的な障害をはじめとするさまざまな障害のある人や、戦争や事故で脳に傷を負った人との関わりや調査を通して、脳がその働きから３つのまとまり（機能単位）にわけられるという仮説を提唱しました。この説はその後の脳科学や精神医学

にさまざまな影響を与えました。

その一つがカナダの心理学者ダスによるＰＡＳＳモデルです。左ページの図を見てください。ダスは知的能力を４つの認知プロセス（Ｐ：プランニング、Ａ：注意、Ｓ：同時処理、Ｓ：継次処理）と想定する知能のモデルを提唱しました。この考え方に基づいてアメリカの心理学者ナグリエリとダスにより１９９７年に開発されたのが、ＤＮ‐ＣＡＳ認知評価システムです。

ＤＮ‐ＣＡＳの日本版が出版されたのは２００７年と最近ですが、発達や物事のとらえ方の得意不得意を先に述べたＰＡＳＳという考え方に基づき評価する検査として、教育機関や医療機関で使われ始めています。適用年齢は5歳0カ月から17歳11カ月で、就学前から高校生段階の子どもまでを対象としています。

ＤＮ‐ＣＡＳについての詳細は、『発達障害の理解と支援のためのアセスメント』前川・梅永・中山（２０１３）を参考にしてください。この検査は合計13の小テスト（下位検査）からなりますが、このうち一つは子どもの年齢（5歳～7歳と8歳～17歳）によって実施する下位検査が異なるため、実質的には12の下位検査からなります。これらの下位検査はＰＡＳＳモデルの４つの構成要素(左図)のそれぞれに対応する３つの下位検査にわけられます。

３つずつの下位検査すべてを実施する標準実施（所要時間約60分～90分）と、２つずつの下位検査

■ PASSモデルの4つの構成要素

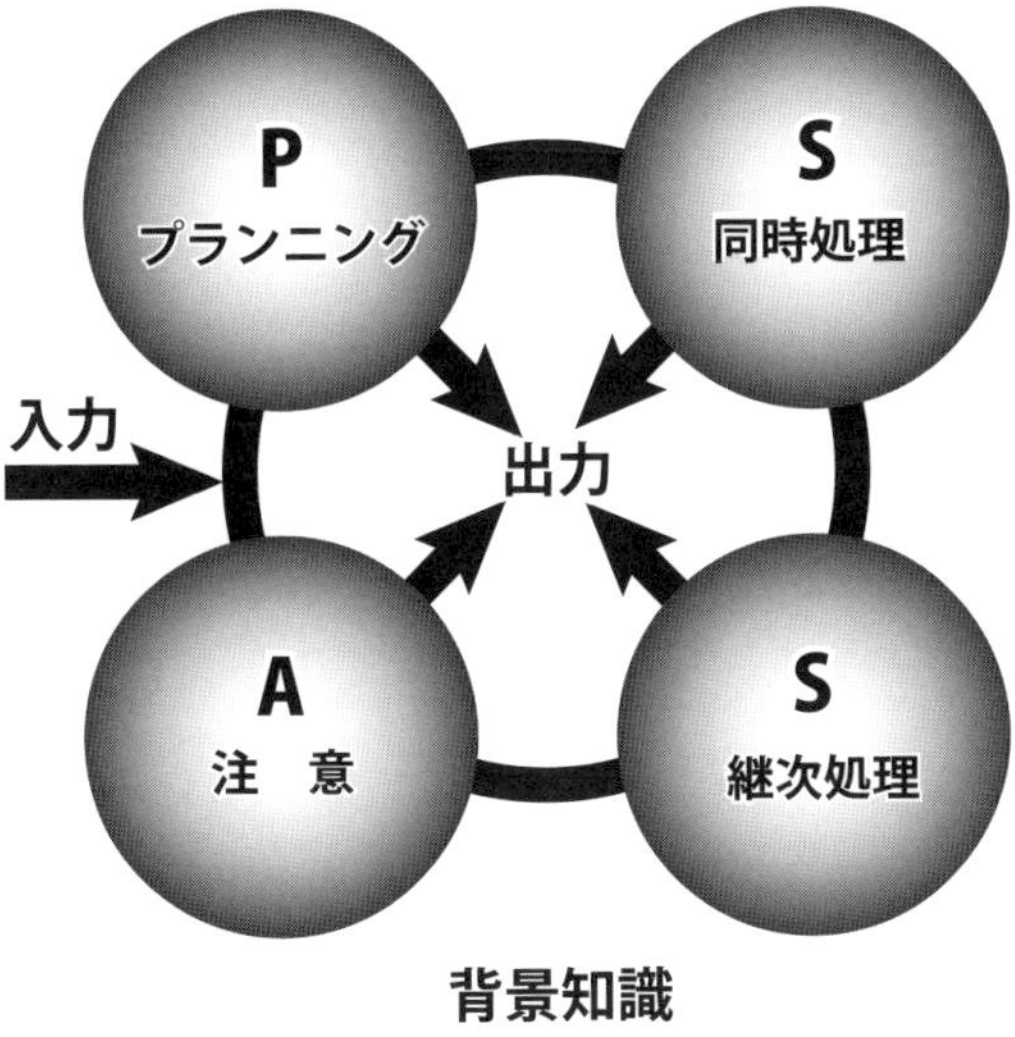

を実施する簡易実施（所要時間約40分）の2つの実施方法があります。

検査を受けるには、数字の順序がわかること、ひらがなやカタカナが読めることなどが必要です。求められていることに合わせて知識をどのように選び取り、使うことができるかを評価しようとするものです。

P：プランニングの下位検査では、物事に取り組む際に計画を立て、実際にやってみて必要に応じて計画を見直したり、変えたりする力をみます。

A：注意では、必要なことに注意を向け、必要のないことには注意を向けない力、あることに一定の間注意を向け続ける力をみます。

S：同時処理は物事や情報を扱うやり方として、物事を全体的に処理する能力や物事の関係性を処理する力をみます。

S：継次処理も物事や情報を扱うやり方として、物事を順序にしたがって処理する能力や細部を分析する力をみます。

検査全体で12（あるいは8つ）の下位検査の結果から、同じ年齢の子どもたちの中での全般的な認知発達の水準を知ることができます。合わせて、PASSに対応する3つずつ、あるいは2つずつの下位検査の結果から、PASSという4つの構成要素の中での得意、不得意の程度を知ることができます。

検査では、鉛筆を使った作業や、絵を見て質問に答える、口頭でいわれることを覚えるなどを通して、これらの能力をはかります。

この検査でみるPASSという構成要素は、学習をはじめとする種々の活動では相互に関連して働くと考えられますが、同時処理と継次処理は物事や情報を扱うやり方という点で、相互にバランスをとりながらも、扱う処理の内容によっていずれかが主に使われることも想定されます。

この点で、DN-CASでは同時処理と継次処理のいずれが強いか、弱いかを知ることができ、弱い面を強い面で補うとともに強い面をいかすというアプローチを立案する手がかりになります。

一方で、プランニングや注意という能力はさまざまな活動の全体に関わり、コントロールする役割を担っています。DN-CASでは時間制限がある中でどのようにやり方を見つけ、実行し、必要に応じて調整するか（プランニング）、あるいは注意を向けるべきものとそうでないものを区別すること（注意）をそれぞれ評価します。

したがって、検査結果の高低が必ずしも日常生活で示される得意、不得意と直接的に対応するとは限らず、とりわけプランニングや注意は日常の活動に関連するものの、検査場面に特化した中での評価であることも理解しておく必要があります。

DN-CASがもとにしているPASSという考え方から学習面を中心にした支援をどう考えるかについては、ナグリエリとピカリングの『DN-CASによる子どもの学習支援—PASS理論を指導にいかす49のアイデア—』を参考にしてください。

■参考／引用文献
前川久男、梅永雄二、中山健著（2013）発達障害の理解と支援のためのアセスメント、日本文化科学社
ナグリエリ，J・A＆ ピカリング，E・B著、前川久男・中山健・岡崎慎治訳（2010）DN-CASによる子どもの学習支援—PASS理論を指導に活かす49のアイデア—、日本文化科学社

4 新版K式発達検査2001

現在使用されている「新版K式発達検査2001（以下、新版K式）」は、1951年に京都市児

童院（現京都市児童福祉センター）で生まれた京都児童院式乳幼児発達検査（通称K式発達検査）を50年ほどかけて改訂したものです。公表当初から乳幼児健診、小児科や療育機関の発達外来などで使用されています。

新版K式の構成は、身体を介した外界との関わりの育ちをみる「姿勢運動領域」、対象物を目で捉え操作する能力をみる「認知適応領域」、社会性やことばによる言語・コミュニケーションの育ちをみる「言語社会領域」の3領域からなっています。それぞれの領域の育ちだけでなく、それぞれがどのように絡み合いながらその子の育ちを支えているのかを理解することで、多面的に評価する独自の視点があります。

また子どもにとってゲーム感覚で取り組める課題が多く、能動的で意欲的な行動を観察しやすく作られています。新版K式にかかる時間は子どもによって異なりますが、20分〜40分ほどです。対象年齢は0歳〜成人までと、幅広く設定されています。検査は子どもと検査者が1対1で行ないますが、安心して検査にのぞんでもらうために保護者同席で行なうばあいもあります。

検査者は子どもと感情的によい関係を結んでから、楽しく検査を進めていきます。例えば、2歳半ばごろの認知適応領域の検査項目に「トラック模倣」があります。これは、子どもの中に育ってきているモデルを再現する能力を評価するものです。もちろん、モデル通りのトラックを構成できたら「通過（合格）」となります。

しかし、得られる情報はこれだけではありません。目標をしっかり意識し、自分が構成しているものと幾度も見比べ目標に接近していこうとする能力、加えてできあがるまで、そしてできあがったときの心持ちを周囲の人とどのようにわかち合おうとするのか、検査者と一緒になってトラックを走らせ遊ぼうとするのか、という社会性も注意深くみます。これらは、言語社会領域の検査項目と絡めて解釈する際に、重要な情報になります。もちろん、検査それ自体を台無しにするような身勝手な変更は許されませんが、新版K式は子どもを発達的視点と社会的視点の双方から理解する際に役立ちます。

子どもが出した答えが正しいか否かは重要なポイントですが、たとえ誤答であっても、それがどのように導きだされたのかを分析することも大切です。たとえばある男の子に「○○くんは男の子ですか、女の子ですか」と質問したとき、その子は「オンナノコ　ママトイッショ。ママダイスキダモン」と答えました。この子は、対象が自分にとってどういう存在なのかをことばで表現できることに気づき始めただけでなく、それを他者と共有するためにことばが役立つことにも気づき始めたのだと思いました。心の成長を理解する上で重要なサインです。この育ちを親と共有することが、子育てに大いに役立つと思われます。

新版K式では各領域と全領域の発達年齢と発達指数を導きだし、課題のでき具合と課題間のプロフィール分析を行ないます。この内容と検査時および前後の子どものようす、保護者や関係機関からの補足情報をもとに、その子の発達の表情を読み取ります。しかし、1回ではわからないことが多く、予測立ての域を超えません。そのため、年に1～2回の割合で発達経過を追います。そうすることで、子どもや家族への理解が深まり、子どもや家族の思いに添った支援計画を立てることができるようになります。

物を操作する能力は、日常生活の中にあるさまざまな場面、特にお手伝いという場面で教え鍛えることができます。社会性や言語・コミュニケーションを扱う能力は、お手伝いやファミリーゲームなどを通して教え育むことができます（第4章参照）。

このように、普段の家庭生活の中に発達支援のためのヒントが数多くあると思われます。検査結果などをもとに立てた支援計画を、日々の家庭生活の中で無理なく取り組め、さらに実益の高いものにするための手立てを、保護者と一緒に考えていきます。

ここで、軽いことばの遅れに加え、行き当たりばったりな行動が多い3歳後半の子どもの事例を紹介します。その特徴的な行動は、検査場面でも確認できました。加えて、目で確認できない事象を扱う課題が困難でした。そこで、買い物に行って買ってきた品物の収納、食卓のセッティングやサラダの盛りつけ、洗濯物の片づけなどのお手伝い、探し物やカードゲーム、そして自我の育ちを支えることばづかいを忘れずに家族で楽しく取り組んでもらいました。半年後、当初の悩みはほとんど消え失せ、行動に落ち着きが見られていました。もちろん検査結果も大きく変わっていました。

■参考／引用文献
中瀬惇、西尾博編著（２００１）新版Ｋ式発達検査反応事例集、ナカニシヤ出版
大島剛、川畑隆、伏見真里子ほか著（２０１３）発達相談と新版Ｋ式発達検査、明石書店

5 ＫＡＢＣ‐Ⅱ

アメリカの心理学者として有名なカウフマン博士夫妻（Kaufman A.S & Kaufman N.L.）によって１９８３年に米国版Ｋ‐ＡＢＣ、２００４年に改訂版のＫＡＢＣ‐Ⅱが作られました。日本版Ｋ‐ＡＢＣは１９９３年に標準化され、ＫＡＢＣ‐Ⅱは藤田和弘、石隈利紀、青山真二、服部環、熊谷恵子、小野純平の６名の日本版制作委員によって２０１３年に刊行されました。

Ｋ‐ＡＢＣおよびＫＡＢＣ‐Ⅱは、ＬＤなどの認知特性のアセスメントでＷＩＳＣ‐Ⅳ等の知能検査を補完する認知検査として用いられています。

K‐ABC（Kaufman Assessment Battery for Children）の基本理念としては、つぎの6つがあげられます。

❶知能検査の理論と研究成果に基づいて知能を測る
❷新しい問題を解く力（「認知尺度」として表す）と、実際に習得した知識をわけて測る（「習得尺度」として表す）
❸検査結果を教育的働きかけに直接結びつけられるようにする
❹新しい検査課題を含める
❺検査を実施しやすく、採点が客観的であるようにする
❻就学前の子ども、外国ルーツをもつ子どもなどもできるような言語に基づかない尺度があり、どんな子にも公平でかつ効果的な検査にする

さらに2013年に刊行された日本版KABC‐Ⅱは、日本版K‐ABCを継承・発展させた心理・教育アセスメント手段です。具体的な特徴としてはつぎの5つがあげられます。

❶ルリアの神経心理学理論に由来するカウフマンモデルと、今日のアメリカにおいて中心的な多くの知能検査の基盤となっている知能理論であるキャッテルとホーンとキャロルによるCHC理論という2つの理論モデルに基づいている

❷認知処理を、継次処理と同時処理だけでなく、学習能力、計画能力の４つの能力から測定している
❸「書き」と「計算」の検査が入り、習得尺度が充実・発展した
❹適応年齢は、2歳6カ月から18歳11カ月である（K・ABCは上限が12歳であった）
❺行動チェックリストがあり、数値だけでなく子どもの様子も含めて支援のアイディアを考えられる

日本版ＫＡＢＣ‐Ⅱでは、米国版ＫＡＢＣ‐Ⅱには含まれなかった習得尺度について、Ｋ‐ＡＢＣの習得度検査を充実・発展させたため、これまでよりも認知尺度と習得尺度の比較が詳しくできるようになりました。背景には、日本には米国のように標準化されたよい個別式学力検査がないという事情もあります。ちなみに、カウフマンモデルでは、ルリア理論（ＤＮ‐ＣＡＳの項参照）でいう脳の３つの働きを個々で測るよりも、それらのつながりやまとまりとしてとらえています。

ＫＡＢＣ‐Ⅱも、医療機関に加え幼稚園や小・中学校の通級指導教室、教育センター、就学前の療育センターなどを中心として、子ども達の支援のために活用が広がっています。改訂により適応年齢が広がったために、中学生や高校生、特別支援学校の高等部の生徒への支援にも役立てるよう、検査者や指導者の研修や研究も進められています。

ＫＡＢＣ‐Ⅱは、カウフマン理論とＣＨＣ理論という２つの理論による解釈ができますが、子どものアセスメントを行なうばあいは柔軟性のある考え方が必要だと強調されています。

日本版ＫＡＢＣ‐Ⅱの総合尺度は、認知総合尺度、習得総合尺度、ＣＨＣ総合尺度で表されます。認知尺度は、認知能力の全体像を示し、継次尺度、同時尺度、計画尺度、学習尺度の４つの尺度から構成されています。これによって算出されるものが認知総合尺度です。習得尺度は、認知能力を活用して獲得した知識（「習得尺度」として表す）や読み、書き、算数という基礎的学力を示すもので、語い尺度、読み尺度、書き尺度、算数尺度の４つの尺度から構成されています。これによって算出されるのが、習得総合尺度です。

ＣＨＣ理論に基づいて算出されるものがＣＨＣ総合尺度です。広い能力に対応する、「長期記憶と検索」「短期記憶」「視覚処理」「流動性推理」「結晶性能力」「読み書き」「量的知識」から構成されます。それぞれ２つから４つの下位検査で構成されていて、全体では20の下位検査がありますが、子どもの年齢によって実施する検査数が異なり、検査にかかる時間の目安も異なります。

学習や生活などの場面で苦戦している子どもの長所や認知様式に注目して、つぎのような原則のいずれかに則って、指導や支援を行なっていきます（左ページ表参照）。

■ＫＡＢＣ－Ⅱの結果を利用した指導法の原則

KABC-Ⅱの認知尺度	指導の基本
継次尺度	高い：継次型指導方略で指導 低い：同時型指導方略で指導
同時尺度	高い：同時型指導方略で指導 低い：継次型指導方略で指導
計画尺度	高い：やり方や考え方を子どもから引き出すような質問をして、その子がもっている計画能力を使えるようにする 低い：やり方や考え方を教えたり、具体的な場面を想定した質問をしたりして考えさせる
学習尺度	高い：複数の感覚を使って覚える体験をさせる 低い：覚えたことを忘れる前に確認したり練習したりさせる その子に合った覚え方を提案する

例えば、継次処理が同時処理よりも高い子どもを指導するときは、継次処理的指導方略（段階的な教え方、部分から全体への方向をふまえた教え方、順序性をふまえた教え方、聴覚的・言語的手がかりの重視、時間的・分析的要因の重視）を用い、反対に同時処理が継次処理よりも高い子どもの指導では、同時処理的指導方略（全体的な教え方、全体から部分への方向性をふまえた教え方、関連性をふまえた教え方、視覚的・運動的手がかりの重視、空間的・統合的要因の重視）を用いると効果があります。

また、計画能力が低いばあいは、日常生活の具体的な場面を想定したり、内容を限定したりして、30分～1時間くらい先のことを考えられるような質問をし、高いばあいには、子ども自身が色々と考えられるような幅広い質問をしていくことで、学習しやすくなるとされています。

■参考／引用文献
Alan S. Kaufman & Nadeen L Kaufman 著　日本版ＫＡＢＣ‐Ⅱ制作委員会訳編（２０１３）日本版ＫＡＢＣ‐Ⅱマニュアル、丸善出版
「発達」（２０１２）ミネルヴァ書房
一般財団法人 特別支援教育士資格認定協会（２０１２）特別支援教育の理論と実践、金剛出版
上野一彦、宮本信也、柘植雅義責任編集（２０１２）S.E.N.S 養成セミナー　特別支援教育の理論と実践　Ⅰ概論・アセスメント、金剛出版
藤田和弘、青山真二、熊谷恵子編著（１９９８）長所活用型指導で子どもが変わる、図書文化
Alan S. Kaufman, Elizabeth O. Lichtenberger, Elaine Fletcher-Janzen, Nadeen L. Kaufman 著、藤田和弘・石隈利紀・青山真二・服部　環・熊谷恵子・小野純平監修（２０１４）エッセンシャルズ　ＫＡＢＣ‐Ⅱによる心理アセスメントの要点、丸善出版

6　絵画語い発達検査（Picture Vocabulary Test-Revised：PVT-R）

基本的な語いの理解力の発達を測る標準化検査として、ＰＶＴは１９７８年に上野一彦、撫尾知信、飯長喜一郎によって作成され、日本文化科学社から出版されました。１９９１年の修正を経て、２００８年、語いや図版が見直され、適応年齢が延長されて３歳０カ月～12歳３カ月となったＰＶＴ

-Rが刊行されました。

実施方法がシンプルで、15分程度で実施でき、指さしで回答できるので、低年齢や話すことが苦手な子どもでも取り組みやすい検査です。面談や遊びなどで子どものおおよそのようすをつかみ、つぎに検査で客観的に発達の具合をみるために検査を導入する際に、最初に行なう検査としてよく用いられます。

絵画語い発達検査の結果によって、理解語いの発達や検査中のようす（取り組み方、集中力、指示の理解、検査者とのやりとりなど）を参考に、子どもの発達をより詳しく評価するために何の検査（例ＷＩＳＣ-Ⅳや田中ビネー検査など）を使えばよいか、といった検査プランを考えることができ、病院などで広く利用されている検査です。

検査の進め方は、1枚に4つの絵が描かれた検査図版を提示し、検査者の言う単語にもっともふさわしい絵を選択させます。年齢に応じた開始問題から上限まで進めます。まぐれ当たりの影響を小さくする工夫が施されており、語い年齢と評価点が求められます。

語い年齢や評価点は、語いの理解力の発達の「目安」ととらえることが大切です。やり方や理解の弱さ、集中困難、気持ちや体調が結果に影響することも考慮します。その上で、検査者とともに日頃の対応の見直しを行なうとよいでしょう。

たとえば、①子どもの理解レベルに合った指示に改めたことで、集団適応が改善した事例、名前を

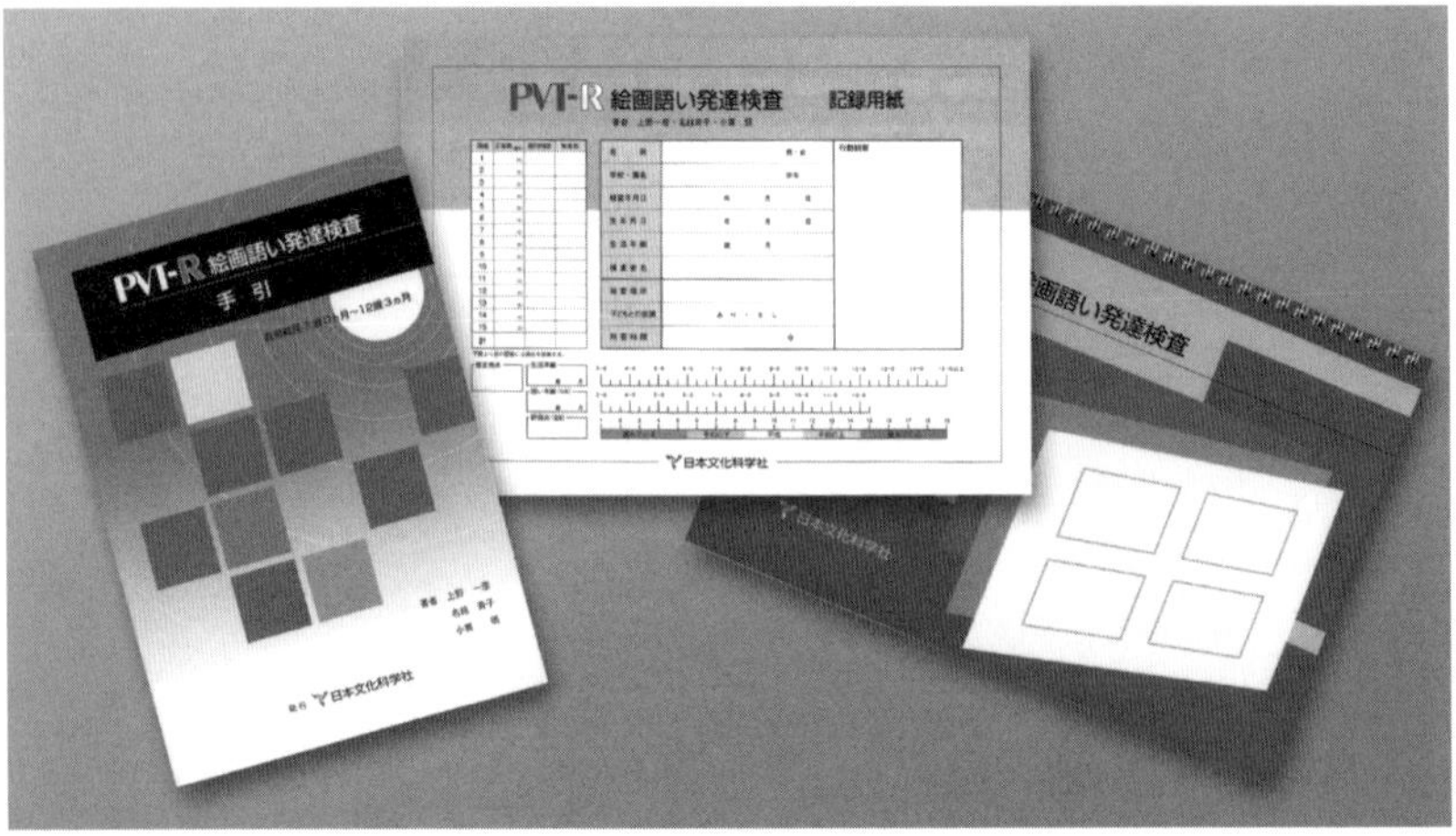

呼んでしっかり注意を向けさせたところ、指示の入りやりとりがスムーズになった事例、ふざけているのではなく、わからないために適当に答えていることが判明し、課題レベルを調整したところ、学習態度が整い力を伸ばした事例などがあります。

■参考／引用文献
上野一彦、名越斉子、小貫悟（２００８）ＰＶＴ－Ｒ絵画語い発達検査手引き、日本文化科学社

第3章
心理検査の結果をいかした事例

1 ことばの表出の少ないAくん（4歳）

Aくんは幼稚園の年中さんです。赤ちゃんのころから元気で、離乳食はスムーズに進み、1歳前に歩き始めました。トイレトレーニングも順調でした。ことばが出始めたのは1歳2カ月くらいでしたが、その後はなかなか増えなかったようです。

1歳半の健診の時にお話ししていたのは「ぶー」（ブーブ、車の意味）と「マン」（マンマ、食べ物全般の意味）くらいでした。また指さしもしなかったことからその後3カ月ごとに保健センターから電話があり、お母さんがその都度経過を伝えていたそうです。そして、3歳少し前に療育センターを紹介されました。発達検査をしたところ発達の遅れと偏りがあり、医師の診察で自閉症スペクトラム障害と言われました。その後10回ほど療育センターで親子でのグループ療育を受けていましたが、その後は半年に1回受診に来てください、と言われ療育は4歳を過ぎたころいったん終了しました。

年中から幼稚園に入園したAくんは集団遊びから大きく外れることはないものの、入園後しばらくは自由遊び場面で園庭のあちらこちらを走り回り、友達と関わるようすはみられませんでした。3カ月を過ぎると園の生活にも慣れて、お友達と追いかけっこするようにもなりましたが、同年齢の子どもと比べて集中時間の短さや、全体指示での理解のむずかしさ、発音の不明瞭さや発語の少なさなどを感じた担任は、今後の園の対応方法や園以外での療育指導を受けることの必要性を思い、保護者に再検査や発達相談を勧めました。それから保護者が検査を申し込みました。

検査場面では名前を呼んで検査室に入ることを促したところ、返事はないものの、拒否もなくすぐに検査者と手をつなぎ、お母さんと離れて入室できました。検査中はこちらをぼんやりと見つめる感じで自分から話題を投げかけることはありませんでした。けれども言われたことに対しては一生懸命取り組もうとしていました。

4歳のAくんには田中ビネーVの検査を行ないました。2歳代の問題は合格できていましたが、3歳代の問題では質問されていることの意味がわからないものが多くあり、そのような時はこちらの言ったことをそのまま繰り返したり、首をふってみたりの反応でした。また、発音が聞き取りにくく、あらかじめこちらが答えを予想できるので聞き取れるというくらいの話し方でした。

検査結果からは年齢に比べて約1歳3カ月の遅れが見られました。特にことばの理解や表現を求める問題がむずかしかったようすでした。一方目で見て判断する問題はよくできていて、3歳代で合格したのはすべて見て何かを作る問題でした。同時に絵画語い発達検査も行ないましたが、語い年齢は3歳未満で、動きのようすを表す動作語の理解はまだむずかしいものが多いことがわかりました。

結果面談には幼稚園の先生も同席され、園でのAくんのようすを詳しく報告してくださいました。また、家でのようすを両親から聞くと、目覚めはよく、朝の着替えは少しだけ手伝うくらいでスムーズ、じっと座っていられず食事中いすからずり落ちたり、ふらふら歩き回ることはあるが食欲もある。「幼稚園に行きたくない」とぐずる日もあるがそういいながらも準備し、大好きな園バスのバス停に向かっているとのことでした。家に帰れば一人でよく遊んでいるし……と、両親としては発音の悪さだけが気がかりといった感じでした。

家でのやりとりのようすを伺うと、幼稚園であったことについて「○○泣いた」「つみきした」と言った2語文程度のもので、あまり込み入った話はしてこないということでした。目からの刺激の取り入れが得意なAくんは、毎日の繰り返しの生活の中では大きく困ることなく生活できているようですが、ことばの理解を多く必要とする園での活動では集中して聞くことがむずかしいのだろうという説明をすると両親も先生も納得しました。

また、Aくんの両親は「4歳の子のおしゃべりは、うちの子とはずいぶん違うということを今回の検査や幼稚園のようすを聞いてよくわかりました」とも言いました。

そして療育センターでの検査結果と比べて、ことばの発達が伸び悩んでいることも今回わかり、療育を受ける必要性も感じられ、体の動きの調整、言語理解や発音の明瞭化を目指すことを中心とした療育を受けることになりました。

家庭ではAくんの好きな体を動かす遊びの中に歌やセリフ、ごっこ遊びを入れてみたり、お手伝いの中で数を数える機会を設けたりし始めました。おやつを食べている時お母さんが今日の自分のようすを話すように心がけるようにもしました。幼稚園ではAくんの座席を先生の近くにし、できるだけ実物や写真を使って説明したり、遊びのルールは繰り返しゆっくり伝えるようにしました。

2 幼稚園でほとんど何も話さなかったBちゃん（3歳）

Bちゃんは赤ちゃんの頃から繊細な子でした。ちょっとした物音にも目覚め、寝ついたなと思ってお母さんがベビーベッドに置くと、パチリと目を覚まし泣き始めます。ですので、赤ちゃんの時にはお母さんの背中におんぶされていることがほとんどでした。

1歳を過ぎたころから歩き始め、おしゃべりも始まり、活動も徐々に活発になってきましたが、外遊びは好まず、家でお母さんや2歳上のお姉ちゃんとおままごとやお人形ごっこをしていることが多かったそうです。お母さんに言わせると自分自身もどちらかというと大人しく神経質なタイプだそうで、自分の小さい頃に似ているなと思っていたそうです。

そんなBちゃんはお姉ちゃんと同じ幼稚園に3年保育で入園しました。人見知りがちなBちゃんでしたが、お姉ちゃんの行事等で何度も行ったことのある幼稚園でしたし、「たんぽぽぐみさんになる」とBちゃん自身も楽しみなようすでしたので、お母さんは当初はさほど心配していませんでした。緊張した表情でしたが入園式も無事終わり、園生活がスタートしました。

6月の保護者面談の時、お母さんはとてもびっくりすることを担任の先生から聞かされました。Bちゃんは幼稚園でまったくと言っていいほどおしゃべりをしていないというのです。やりとりはうなずく程度で表情がほとんど変わらないことは気にしてはいたものの、朝の支度やお絵かきや工作といった制作活動などは誰よりもきちんとできているし、自由場面では静かに絵本を眺めたりお絵かきをしている、家でもそうだと思っていて今までお知らせしませんでした、と先生は言われたそうです。

比較的大きな幼稚園でしたのでお姉ちゃんは妹の教室でのこのようなようすは知らないようでした。家に帰るとBちゃんは「今日はこんなリズムをやった」「こんな紙芝居を読んでもらった」と言うので、話をしていないとはお母さんも想像できませんでした。この子には何かあるのではと感じたお母さんは、知り合いから聞いた発達相談機関を訪れ、Bちゃんは発達の状態を知るため田中ビネーV検査を受けることになりました。

お母さんと離れて検査室に入ることを知ったBちゃんの表情が険しくなったので、お母さんには隣の気配が察することができる部屋にいてもらい、「お母さんにはここでお仕事（相談用紙の記入）をお願いするね」と言って検査室に促しました。「クイズをたくさんやるんだよ。クイズ好きかな？」と聞くと「クイズ？　大好き！」とやることがわかって少し安心したようすで始めることができました。

検査の結果、知的発達の状態は現在のBちゃんの生活年齢を上回る結果でした。しかしながら検査の取り組みのようすやできたこととできなかったことに特徴やばらつきが見られました。まず、質問に対しての受け取りや答え方に厳密さが見られました。たとえば「これは何ですか？」と描かれているものの名前を答えてもらう問題が続く場面で、途中から検査者は質問のセリフを省略してたとえば「はい？」などと言うと何も答えませんでした。そして再び「これは何かな？」とていねいに尋ねるとその名前を言うことができました。

説明のしかたでも「好きに言ってもいいの？」と、見本に忠実にやらないといけない、という思いが強く感じられました。見たものをまねして作ったり書いたりする問題では、ぴったりと少しも違わないように完成させようとしました。「あってる？」「これでいい？」の確認のことばも多く見られました。また答えに確信が持てないと、とりあえずこれでいいやと妥協することができず、できつつあっても途中でやめてしまいその後もやろうとはしませんでした。

これらのことからBちゃんは理解や認識する力は年齢相応にあるものの、見本通り、指示通りにやらなければいけない、間違えてはいけない失敗してはいけないという思いに強くこだわりすぎて集団の中で話すことができなくなっていると考えられました。

検査結果から見えてきた特性をお母さんにお伝えすると「そういえばBは、『幼稚園で私は○○がちゃんとできていたよ』と、できていたことの報告が多く、困っていることの報告はなかったような気がするし、『今日何をするのかな～』『先生と話すのドキドキする』とよく言っていました」とエピソードを教えてくれました。

また、これらの背景として初めてのことに対してのイメージの持ちにくさ、人と関わりながら相手の意図やペースに合わせながら行動することの苦手さなどが考えられました。

今後園で行なう対応としては、無理やりお話ししなさいと強要するのではなく、困ったときのSOSのサインを先生と決めておき、先生にそっと近づいてもらう、お姉ちゃんやご近所でよく遊ぶ子どもと一緒に活動できる場面を作ってもらう、音遊びや鳴き声遊び、マペット遊びなどことばを発することに抵抗のない活動を取り入れてもらう、1日の活動の流れを大まかに伝えるとともに変更もあることを徐々に伝えていくなど見通しが持てるようにするなどの提案をしました。

家ではお母さん自ら、失敗したりうまくいかなかったエピソードをBちゃんに伝え、「ま、しょうがないか」「今度また気をつければいいや」といった修復方法の見本を見せることも大切と話しました。

入園して半年経ったころ頃、Bちゃんはみんなの前でお話しすることはまだできないものの、担任の先生が大好きになり、先生と1対1ならおしゃべりができるようになり、自由遊びの場面では仲良しの子とごっこ遊びが楽しめるようになりました。

3 幼稚園生活が楽しめず受け身なことが多かったCくん（5歳）

年長さんのCくんは一人っ子で両親に大切に育てられています。毎朝、寝起きがよくなくぐずってしまうことが多いので着替えはお母さんがしてあげることがほとんどです。着替えを終わってもぼんやりとしてなかなか動きだしません。食べ物の好き嫌いはあまりないのですが、出発まで時間も十分にないので好きなバナナだけを口に入れてもらって、お母さんの自転車の後ろに乗って登園です。幼稚園に着くと、先生に手伝ってもらいながらゆっくり時間をかけて朝の支度をしているようです。

年長さんになって間もない保育参観の日にお母さんがようすを見てみたら、自由遊びでは最近クラスではやりだしたドッジボールには参加せず、ぼんやりと園庭を見ていたり、あちこちの遊具でちょっとずつ遊んでいるか、先生に声をかけられてお砂場でずっと年少さんと泥団子を作って遊んで過ごしていました。全体での集まりでは静かにいすに座ってはいましたが、表情はあまり変わらず歌や手遊びを覚えているようすは見られませんでした。

同年齢の子と比べてことば数が少ないことも心配していたお母さんは、ことばの発達によいだろうと、年長さん向けの物語の絵本の読み聞かせを毎晩しているのですが、ちっとも興味がないらしく、ページをどんどんめくってしまいます。またなかなか寝つきもよくなく、布団に入ってから寝入るまで1時間近くかかってしまいます。

Cくんの赤ちゃんの頃を振り返ってみると、歩き始めはちょうど1歳くらいでしたが、なかなかおしゃべりをせず、3歳ごろにやっと片言でやりとりができるようになりました。来年小学校に入学することを考えると、このままでよいのだろうかと心配になっていたCくんのお母さんでしたが、幼稚園の連休明けの面談で担任の先生からも保育参観で見た時と同じような話があり、園からの紹介で発達の状態を知るため田中ビネーV検査をとることとなりました。

Cくんはお母さんと離れて検査をすることに初めはやや戸惑ったようすを見せましたが、検査自体が始まると検査者の方をよく見て、しっかりと応じることができました。検査の結果、Cくんは全般的に軽度の発達の遅れがあるという結果が出ました。ことばの理解や表現の力、物を記憶する力、数の操作や細かい手作業はどれも大きな偏りはなく、全体的にゆっくりで、年齢でいうと年少さん後半くらいの発達段階にありました。だとするとドッジボールやストーリー性のある長い絵本は意味がわからず楽しみにくいでしょうし、年長さんの活動ではわからないことが多く、登園に気持ちが向いてないのかもしれません。運動面や手先の面はスピードはゆっくりではありますが、さほど遅れはないようですのに、気持ちが向かないために着替えや食事を自分でする体験が減っているとしたら残念なことです。

検査結果をもとに幼稚園に教員加配（通常より教員を多く配置すること）の申請をすることにしました。また、週に1回、Cくんと同じような発達段階の子どもと一緒の療育に参加することになりました。Cくんの療育内容は大きな体の動きや手先の操作性を高めるための運動や工作、ことばの理解や表現力の促進や、簡単なルールのある遊びを段階を踏んで6人前後のお友達と行なうなどでした。検査をとった3カ月後のようすをお聞きすると、園での手遊びの際は加配の先生がCくんのそばでゆっくり見本を見せながら参加しやすい促しをしてくれているとのことでした。部分的にでもできたことをしっかりとほめてもらえるのでうれしいようすです。ドッジボールにはまだ参加できませんが、先生も入りながら年中さんと一緒にボールをころがす遊びを楽しむようになり、Cくんの表情も変わってきました。また、幼稚園で動くことが多くなったせいか、夜の寝つきがよくなってきたそうです。

家での朝の着替えは大好きなキャラクターのシールを底に貼ったカゴにパジャマを入れる、あらかじめ着る順番に洋服をカゴに入れておき、少し大きめのサイズにして自分で着やすい洋服に変えるといった、楽しみながらむずかしさを感じさせないようにやり方を工夫したことで頑張れているそうです。

朝食は一口で食べられるおにぎりとフォークやお箸を使ったおかずを食べる時間が作れるようになりました。読み聞かせは2〜3歳対象の絵本を2冊読むようにお母さんが工夫し、同じ本を「もう1回、もう1回」とリクエストするようにもなったそうです。お母さん自身も読み聞かせの時間が楽しいひと時となるとともに、Cくんの成長を実感することができるようになったと話してくださいました。

4 保育園で友達とのトラブルの絶えなかったDくん（5歳）

Dくんは両親ともにフルタイムで働いていて、生後10カ月から保育園に通っています。今の保育園は3歳の時から通っているので今年で3年目になります。

3人きょうだいの一番末っ子のDくんは上の2人の小学生のお姉さんたちの影響もあるのか、幼児ながらいろんなことばを知っていて大人を驚かせることもあるそうですが、保育園の活動の中では順番が待てず横入りをする、絵本の読み聞かせでは同じ場所に座り続けられず勝手に移動したり、他の子にちょっかいを出す、友達に暴言を吐いたり唾を飛ばす、他の子が言われたことを自分が言われたと勘違いして怒りだし、他の子をたたき続けるといった集団の中でのトラブルが年長になって目立ってきて、保育園に巡回に来ていた心理士の紹介で検査を受けることになりました。

家庭でのようすをお母さんから聞くと、ずっと育てにくさを感じていたとのことでした。それは1歳代の睡眠リズムの不安定に始まり、だっこされないと泣き続ける、音やにおい、触覚、よごれに関しての過敏さなど感覚の特異性を多く持っているようでした。

こだわりも強く、3歳くらいのころはおもちゃのしまい方、散歩の道順などが違うと訂正するまで火がついたように泣き続けたということです。園生活でも異年齢との合同保育やお誕生会の行事等、通常とは違うプログラムや環境になるとその場ではあまり変わったようすは見せなかったようですが、家に帰ってから不機嫌になることが多く、日常生活を穏やかに過ごすことがむずかしかったようです。年長になったころにはこれらのことはだいぶ軽減されてきたようすでしたが、集団で長時間生活することの負担は大きいと思われました。

Dくんは5歳で、ことばの理解も良好なようすでしたのでWISC-Ⅳ検査を受けました。検査場面では、視線も合い、おおむね協力的に取り組むことができました。Dくんは「こんなの簡単だよ！」「おれ頭いいから」とアピールしたり、検査者の視線を意識するようすが見られました。また、指示を自分なりに解釈して違うやり方でやろうとしたり、質問の意図を取り違えるので、繰り返しことばを変えて説明したり尋ねることが必要でした。問題の形式が変化するとそのことが気になり、作業が進まない、つみきの片づけを頼むと一度しまったものを全部出してやり直す、といったこだわりも見られました。

検査の結果、Dくんの全般的な知的発達の状態は年齢の平均の下~平均に位置していました。各指標（50ページ参考）の偏りとしては「ワーキングメモリー指標」「処理速度指標」「知覚推理指標」の三指標に比べて、「言語理解指標」がやや低い結果となりました。また各検査の結果や答え方にばらつきや独特な傾向がみられました。特に「言語理解指標」では、一度思いついた視点や言い回しのパターンで答え続けたり（思考の保続）、ことばは知っているものの相手に伝わるように話すことがむずかしいようすがみられました。「知覚推理指標」や「処理速度指標」では幾何学図形などのシンプルな視覚刺激の弁別や推測はよくできましたが、具体的で意味のある絵を注意して選んだり、そのものの意味を理解する力が弱い傾向が見られました。

これらのDくんの結果と日常エピソードから以下の対応を考えました。まず、言われていることの全体的な意味や、場面全体の理解をせずに部分的に理解して行動していることが予測されます。思い違いがさらにDくんの不安をかき立てることもあるでしょう。園での活動では事前に個別に具体的に説明して正しく伝わっているか確認し、見通しがもてるようにするとともに、守るべきルールを明確にしてあげるとよいと思われました。

また、決められたルールを守って参加するのがむずかしい時は、どのように過ごすかの代替手段も決めておく必要があります。さらにDくんが困った時に自分からSOSが出せるような体制が必要です。年長になって友達と関わろうという気持ちが芽生えたということは、成長のあかしですが、自分が思うように相手が振る舞ってくれないことにいら立ち、暴言や暴力が目立っているとのことです。「○○と言ってみよう」と適切な言い回しを積極的に伝えることや、ルールが明確で共に楽しめる遊びを覚えることで、不適切な言動が減ることを目指したいものです。

Dくんのお母さんは、心理検査の報告書を希望され、園に伝えるとともに、Dくんの気持ちにそいつつ指示に従う練習のために個別の療育指導に通わせることにしました。

家では保育園でのどんなことが気になり、どんなことが好きかをDくんとゆっくり話をしたところ、朝と夕方の自由遊びの教室のざわざわした雰囲気が嫌だということがわかり、その時間は絵本コーナーの隅に静かなコーナーを作ってもらうことにしました。

さらに両親で相談した結果、医療機関で診断を仰ぎ、行動を落ち着かせる投薬も開始しました。これらの対応によってDくんの暴言や暴力は減り、勝敗が明確にならない協力ゲームなら保育者と数人の友達と穏やかに楽しめるようになりました。

5 読み書きでつまずき、学校が嫌になってきたEちゃん（小1）

Eちゃんは体を動かすことが大好きな女の子です。休み時間は友達と鬼ごっこやドッジボールをして楽しく過ごしていました。工作も得意で、のびのびとした作品を作ります。けれど読み書きがなかなか定着しません。1年生も終わる2月になっても文章を書くとき、すぐに思い出せないひらがながあり、書くのに時間がかかります。

自分の名前の「きょうこ」（仮名）の「う」を書き忘れて「きょこ」となってしまうこともあります。漢字テストも10問中3問できればよいほうです。教科書の音読は何回か聞けばなんとなくは読めるようになりますが、初めての時は一文字、一文字思いだしながら読むのでとても時間がかかり、ほぼ毎日ある国語の時間がいやなことから徐々に登校を渋るようになってきました。

家庭でも心配して、学校の特別支援教育コーディネーターの先生に相談したところ、心理検査でEちゃんの能力や特徴がわかり、対応策の参考になるかもしれないと言われました。そこで学校を巡回している心理士にＷＩＳＣ-Ⅳ検査をしてもらうことにしました。

協力的に取り組んでくれたＥちゃんでしたが、ことばで説明する検査では思うようにことばが出てこず、耳で記憶する検査ではごくごく短い問題から「えっ、えっ？」と聞ききれないようすが見られました。見て書き写す検査では何度も見直して書いていました。

結果は全般的な水準は境界域（平均より低い）でした。また「知覚推理」「言語理解」「処理速度」「ワーキングメモリー」の４つの指標得点間（50ページ参考）で大きな偏りが見られました。

視覚情報を推理する「知覚推理」はもっとも高く年齢平均の上だったのに対し、ことばの理解や表現の力を測る「言語理解指標」や決まった作業をできるだけ早く行なう「処理速度」は平均の下、耳での記憶の保持能力を測る「ワーキングメモリー指標」は境界域〜非常に低いの範囲にありました。Ｅちゃんは物や人の名前を覚えるのが小さいころから苦手で、日常的な会話でも「あれがさ〜」などと指示語が多いという保護者からの報告はワーキングメモリーの低さを裏づけるものでした。

Ｅちゃんの読み書きの困難さの一番の理由は耳からの情報をとどめておくことの苦手さからくると考えられました。特定の記号（「あ」という文字）に特定の音（「a」という音）をマッチングさせ、記憶できることが文字が読めるためのまず第一歩ですが、これがむずかしいことがわかりました。さらに、見たものを記憶することも得意ではないのでひらがなの形を見て覚えることもスムーズにいっていないと思われました。

面談の結果を受けて、学校も保護者もすぐに動きました。担任の先生はEちゃんには音読の範囲をさりげなく限定し、練習してきた段落をみんなの前で読んでもらうようにしました。また教室に五十音表を貼りすぐに思い出せるようする、新出漢字の学習をするときにはごろ合わせで漢字練習をして、Eちゃんの得意な目で見たイメージに残る学びの工夫を取り入れてくれました。

さらに得意な絵が評価され、本人の自信を高められるように「イラスト係」を作り、Eちゃんになってもらいました。これらの学校での配慮とともに、保護者は特性をふまえた読み書きの療育機関を見つけ、指導を受け始めました。同時に地域の造形教室に通い、自信を持って自分の力が発揮できる場所も確保しました。これらの甲斐あってEちゃんは「国語は苦手だけど……」といいながらも笑顔で登校するようになりました。

6 活動に遅れがちで注意されることの多かったFちゃん（小3）

Fちゃんは目のぱっちりとしたおっとりした女の子です。お姉ちゃんと一緒に習っているテニスが大好きです。そんなFちゃんのことをお母さんはかわいらしいと思う反面、気になっていることがいくつもあります。たとえば朝ごはんの時、お姉ちゃんは15分もかからずに食べ終わるのに、Fちゃんは30分かかっても食べ終わりません。毎朝何回「早く食べなさい！」「口動いていないわよ！」と言わないといけないのか。「早く、着替えなさい！」「遅刻するよ！」とせっつかないといけないのか。「体操服忘れないのよ！」と言った後に玄関を見ると、Fちゃんの体操服袋が置きっぱなし。昨日の夜一生懸命やった宿題のノートが机の上に置きっぱなし。

お母さんがいくら口うるさく言い続け、イライラしていても、Fちゃんは「ああ……」と今ひとつピンときていないようすです。

そんなことを気にしながら、学校の面談でFちゃんのようすを先生から聞くと「話を聞いていないことが多く、みんなより行動が1、2テンポ遅れがちですね。お友達がFちゃ～んと声をかけることが多いですよ」「黒板を写すのが遅いのかノートがちゃんとれていませんね」と言われました。ますます心配になったお母さんはインターネットで相談機関を調べて検査を申し込まれました。

検査場面でのFちゃんは大きな目をきらきらさせて一生懸命質問に答えてくれました。検査後のフリートークではテニスが好きだけどコーチによく怒られてしまうこと、お姉ちゃんはテニスがうまいこと、学校で友達とテレビのことをおしゃべりするのが楽しいこと、好きな勉強は音楽で、苦手なのは国語と算数など話はつきませんでした。

ＷＩＳＣ-Ⅳ検査の結果は全般的な発達の状態は年齢平均から平均の上の範囲でしたが、指標得点の中では「言語理解」と「知覚推理」が高く、「ワーキングメモリー」と「処理速度」が低い結果となりました。特に処理速度の低さは著しいものでした。検査中はできるだけ早く作業を進めなくてはいけないのに、最初に指示された時には「はい、わかりました！」と元気よく返事をしてくれたものの、途中で手が止まり書いてあるものをぼんやりと見つめたかと思うと、あちこちに目移りしてスムーズにはできていないようすが見られました。

お母さんに、Ｆちゃんはことばの理解力や表現力は高く、推理する力もよいものの、目で見た情報の中から必要なことを選んで集中して素早く取り組むことや、耳で聞いた情報を意識して留め、必要に応じて求められる順番に取り出すことが苦手であると話すと日常のようすから非常に納得されるとともに、今までそのことから生活が滞っていたのに「苦手なことを、『しっかりやりなさい』と叱ってばっかりだった」とご自分の言動を悔やんでいました。

また、「大好きなテニスの時にでさえコートの外に気が散っているので、本人の気持ちのせいだけではないのかもしれないとは思っていました」とも言われました。悩みながらも子どもの特徴をしっかりととらえていらっしゃると感じました。

今後の対応として、気が散りやすくぼんやりしてしまうことや聞き漏らしてしまったり忘れてしまうことはFちゃん本人の怠けからくるのではないこと、苦手さをカバーする工夫を具体的に考え、こうすればうまくいく、とFちゃん自身が実感していくことが大切であることなどをお話ししました。

具体的な対応例としては、家庭では1つずつの作業で時間短縮ができるように、行動が途中でも決められた短時間で一度終わりにすること、時間を意識しやすい着替えをチャレンジ場面として、3分以内で終われるようにタイマーをセットし、周囲が見えない着替えコーナーで着替えること、3分以内に着替えられたらその3分をお楽しみタイム分として時間を貯金（累積）して週末のビデオタイムに換算することをFちゃんと相談した上で取り組むよう提案しました。

学校の先生には検査の報告書を渡して特性を知ってもらい、指示が伝わりやすく黒板に書かれた文字が写しやすい席にしてもらうこと、苦手なことがみんなの前で強調されすぎないように大事なポイントは再度伝えてもらうなどをお願いしました。

7 授業に落ち着いて参加できなかったGくん（小4）

Gくんは小学4年生の秋に学校のスクールカウンセラーからの紹介でお母さんと来所しました。その時のGくんは授業中ノートをまったくといっていいほどとらず、授業に関係のない話題を席の離れた子に大声で話しかける、好き勝手に立ち歩きちょっかいを出しに行く、休み時間が終わっても校庭から戻らない、プリントやテストを配られると落書きをしたり、破いたりすることも多いといった状況で、担任の先生もどう対応していいか困り果てているようでした。当時のGくんは体格もよく、パワーを持て余しているようにも見えました。

幼児期からのようすをお母さんにお聞きしたところ、「保育園の時から元気で活発な子だった。けんかっぱやいところもあったが男の子なのでこれくらいは……と思っていた。じっと座っていることや勉強は1年生の頃からあまり得意じゃなかったけれど、勉強がきびしくなってきたなと感じ始めたのは3年生くらいから」とのことでした。さらに、本当は今のような反抗的な子ではなく素直なやさしい子なのにと、学校での今のようすを憂いていました。

WISC-Ⅲ検査を実施したところ、検査に対しての取り組みは真摯で一生懸命考えて答えてくれました。ぎこちないながらていねいに書いた名前に対して「しっかりていねいに書けるね」と伝えると「へへ……そんなことないけど……」と言いながらもうれしそうなようすでした。また、わからない、ということを認めたくないようすで、答えられないで無言でいる問題に対しては検査者が「忘れちゃったかな」とか「まだ習っていないよね」というと安心したように「うん、ちょっと忘れちゃったな～」と言ってきました。

検査結果は大きな偏りはなかったものの、全般的に軽度の遅れの範囲にありました。また手先の不器用さがやや目立ち、生活全体での物の扱いや整理整頓などが乱雑なようすが想像できました。お母さんには数値の結果を伝えるとともに、まず今のGくんにとって大切なことは自分ができることがあるんだと自信をつけられる体験を多くすること、さらに学年相応の、なかでも抽象的な学習の理解はむずかしいことも多いこと、本人に合った個別の支援や生活技術の習得が必要であることを話しました。また、生活能力を高めていくことを目的としたグループ療育の参加をおすすめしました。療育では生活道具の扱い（セロハンテープをきれいに切る、プリントを見やすくファイルする、靴ひもをほどけないように結ぶなど）や電話のとりつぎや掃除のしかたなどを行ないました。具体的な体験をしたことで、目に見えてできることが増え、それをお母さんに伝える時のGくんは誇らしげな顔をしていました。

5年生になり、彼の特性を理解し、できているところを上手に認めてくれる先生が担任になり、教室内の不適切行動はほぼなくなりました。学習の困難さは変わりませんでしたが、お母さんは特別支援学級への在籍の変更は決めかねているようすでした。また5年生から本人の希望で地域の野球チームに参加し始めました。卒業するまで一度も試合には出られなかったそうですが、練習には休まず出て、6年最後のお別れ会ではコーチにとてもほめられたそうです。

野球の練習との両立がむずかしく療育は5年生いっぱいで終了したのですが、6年生の後半になって再検査の申し込みをされました。久しぶりに会ったGくんはさらに大きくなっていましたが、穏やかな印象を受けました。検査の結果は前回とほぼ同様の傾向にありました。お母さんに結果を話した後、中学の進路を尋ねたところ、「支援学級に決めている、親子で話してそう決めた」とのことでした。

こちらから中学での支援学級から通常の学級に交流している生徒の例や療育手帳の取得方法や手帳を使って就労する際の進路の話をすると興味深く聞いてくださり、Gくんの将来をしっかりと考えていらっしゃると頼もしく感じました。

8 友達との関わりがうまくいかなかったHくん（小5）

Hくんのお母さんは3歳で保育園に入園したころから、彼が集団生活になじみにくいと感じていました。朝泣かずにお母さんと別れるまでに2カ月くらいかかりました。ただ、慣れると楽しそうに通い始め、卒園する頃にはそのことは忘れてしまっていたそうです。

小学校では、保育園の時に仲のよかった友達とは違う学校になってしまいました。そのことが引き金になったのか、毎日「学校はつまらない、保育園に戻りたい」と言い、知り合ったばかりの同じクラスの女の子に「おまえなんてデブできらいだ」と言って泣かせてしまったそうです。その時は先生が間に入っておさまりました。年度末になるとやっとクラスにも慣れて「いやだ」とは言わなくなったそうです。しかしその後も学年の初めは新しい友達にちょっかいを出しては嫌がられ、1年が終わるころになると収まるということを毎年のように繰り返していたそうです。

お母さんは、Hくんが勉強はそこそこついていけてはいるものの、自分の意見をはっきり言う相手に対しては主張ができないで我慢してしまうこと、家でそのイライラをペットやお母さんにあたることで解消していることを気にしていました。

4年生の時に1年生の時と同じ先生が担任になりました。その先生は、Hくんの友達との関わりのようすがあまり変わっていないことが気になったようで、秋の保護者面談でお母さんに、人づきあいを学ぶために通級指導教室を利用してはどうだろうかと提案したそうです。

その面談後しばらくして、お母さんはテレビでソーシャルスキルトレーニングという、人との適切な接し方を意識的に学ぶ方法があることを知りました。またその番組ではトレーニングのようす、またトレーニングを受けて「相手に対してどうふるまえばよいのかわかってよかった」と体験した人が話しているのを見て、自分で指導機関を探されて5年生が始まって間もない5月に療育機関に来所しました。

Ｈくんの指導にあたって、特性を把握するためにＷＩＳＣ‐Ⅳ検査を行ないました。何をしにきたのか詳しいことは聞かされないでいたＨくんは、検査の内容、目的を説明すると、緊張した不機嫌なようすで、咳払いをするようなチック（本人の意図していない付随運動）もときどきみられました。

検査には一生懸命取り組んでいましたが、答えが思いつかない時はこちらのことは気にするようすもなく机に頭を突っ伏したり、やりかたがわかったと思うと説明を最後まで聞かずに検査者の鉛筆をとって取り組もうとしたり、かと思えば、説明し終わったこととまったく同じ内容を再度質問してきたりと検査態度に気にかかる面がありました。

検査の結果は全般的な状態は年齢平均の下〜平均の範囲で、４つの指標得点間（50ページ参照）には大きな偏りは見られませんでしたが、同じ指標間の検査の中でのばらつきがいくつかみられました。ことばの知識は豊かなものの、相手に説明するにはことば不足で伝わりにくく、もう少し詳しく教えてくれるように促すと、「もう言えない」と話が止まってしまったり、物の名前を完全に覚え間違えているものもありました。

耳での記憶の保持、操作能力を測る検査では、言われた通りに記憶することはかなりよくできていましたが、記憶する情報を操作した後に答えるといった複雑な手続きが必要となる問題では覚え間違いが多く、本人の負担も大きいようすで大きなため息をつきながら取り組んでいました。

目からの情報の処理ではシンプルな図形の認識は得意でしたが、絵が示す意味を推理することは苦手なようすで、全体の中でも得点が低く、そのような問題では何も思いつかないようで、すぐに「わかりません」と言っていました。

これらの結果から友人との関わりの独特さや主張ができない背景として、多くの意味のある視覚情報の処理や聴覚記憶の困難さから、思い込みや勘違いしていること、相手に伝えることを前提としたコミュニケーション語彙や自分の気持ちを表現することばのレパートリーの少なさがあると考えられました。

今後、基本的なソーシャルスキル、中でも話のポイントを聞き取る練習や状況理解の整理の練習、相手にわかるように自分の考えや気持ちを伝える練習などが必要と思われました。その際はHくんの強みであるシンプルな情報を記憶していく方法や、記号や図表などで簡潔にポイントを示してイメージしやすくする方法が効果的だと思われました。たとえば「エピソード1：自分と友達の意見が違ったら」というテーマを決め、その時の気持ちを表情イラストから選ぶ、その時の意見の言い方フレーズを考えて記録しておく、といった「マイコミュニケーションブック」を作成するなどが考えられます。

Hくんは2年間、ソーシャルスキルトレーニングのグループ指導に参加しさまざまな変化が見られました。初めは電車とバスを乗り継いで週1回学校が終わってから来ることを負担に感じていたようでした。仲間に入りたいのに適切な関わり方ができず、他のメンバーから見ると嫌がらせと感じられるような関わりもしばらくありました。指導者の指示を聞き間違えてカッカと怒ることも何回もありました。

徐々に休み時間にメンバーとやる詰将棋が楽しみになり、誰よりも早く来るようになりました。中学を前に3月に修了遠足に行った時は欠席したメンバーに自ら、「みんなのお金を出し合ってお土産を買おうよ」と提案しました。最後のお別れメッセージの寄せ書きでは頻繁に行き違いでトラブルを起こしたメンバーに向けて、とても小さな字で「いろいろすまん」と書いていました。

お母さんはこの2年間、ことばをやんわりと補いながらHくんの話を聞くように心がけたそうで、自分の気持ちをポツリポツリですが伝えるようになり、気になる相手への対応策の相談をしてくることもありました、と指導が終わる6年生最後の面談で教えてくれました。

9 読むことがとても苦手で別室登校をしていたIさん（中1）

Iさんは小学校の頃は仲良しの友達が数人いて、手先が比較的器用で手芸やお絵かき、植物が好きな女の子でした。係活動や掃除当番など任されたことは最後まできちんとやりとげました。ただ勉強面、なかでも教科書の音読が大の苦手でした。真面目なIさんは音読の宿題が出るとひたすら一生懸命練習しました。学年が上がるにつれ音読の量は増えていきました。何回か聞けばある程度見当をつけて読むことができるのですが初めての文章を読むのは本当に苦労しながらやっていました。それに自分で気づいたIさんは高学年の頃は初めにお母さんに何回か読んでもらってから練習するようにしていました。

中学生になって音読の宿題はなくなったのですが、どの教科でも教科書の文字は多くなり、一度に読んで理解しないといけないことが増えました。社会の授業などでは教科書と資料集を3、4ページくらい読んでその場でまとめなさい、と言われ、タイトルを書いただけでその先が進められず1時間が過ぎてしまいました。初めての定期テストでは一生懸命勉強したつもりでも、何ひとつ平均点を超えることはできず、みんなとの勉強の話題にも入りにくくなり、友達づきあいも疎遠になっていきました。

朝起きると激しい頭痛に襲われる日もあり、6月の終わりころから遅刻することも多くなってきました。1週間欠席した後、登校したのですが、教室に入る気持ちになれず、保健室で過ごすようになりました。保健室では落ち着かないだろうという学校の配慮もあり、週1回カウンセラーが来る、相談室の1スペースを学習室とし、生徒指導の先生と空き時間の先生が交替に在中する形でIさんの居場所になりました。

その後偶然でしたが、Iさんが小学校の時に仲のよかった女生徒も部活動でのトラブルがきっかけで教室に入りにくくなり、この学習室を利用するようになりました。学習室を利用し、先生とゆっくり話をする中で、教室に入れない理由は漠然としたものだと思っていたのが、学習の困難さから来ているのだとIさんは気づき始めました。生徒指導の先生と保護者はIさんの特性を知ることが今後のためにも必要と考え検査を申し込みました。

検査の時、Iさんに「困っていることはありますか」と尋ねたところ、「初めての文章を読むのにとっても時間がかかること、一文字一文字読んで、それをつなげて繰り返して読むのですごく疲れます」と、とても具体的に教えてくれました。検査中はとても真面目に、記憶することを求められる問題では目をつぶり、指を折りながら一生懸命集中して答えていました。

WISC-Ⅳ検査の結果は全般的な発達水準は年齢平均の下~平均域。ただし偏りが大きく見られました。視覚的な情報処理を必要とされる「知覚推理」や「処理速度」は平均~平均の上で「言語理解」は平均でしたが、「ワーキングメモリー」は境界域~平均の下の範囲でした。一番低かった「ワーキングメモリー」と「知覚推理」や「処理速度」の差は同年齢の中では非常に著しい差でした。

聞いた音を覚えておく困難さがIさんの読み速度に大きな影響を与えていることがわかりました。

一方で目からの情報処理や作業能力は高く、Ｉさんが自信を持っていい面であるとともに、今後の進路選択の参考になりました。別機関で読みに関するその他の検査も併せて行なうことになりました。その結果読みの能力、特に読み速度は学年を大きく下回っていました。

この結果をふまえて、まずＩさんの特徴を学校に理解してもらうために「読み障害」に関しての文献を先生方に読んでもらいました。これが非常に効果的で学習室の先生がその文献を参考にして教科書の代読をどんどん進め、授業の内容を先取りしたうえでＩさんが教室に入るタイミングを計りました。また、学習室を共有している小学校のころからの友達と一緒に勉強するのもよかったようです。

２年生になるとその子と同じクラスになり、教室に入れるようになりました。高校の進路は本人の好きな園芸のコースがある公立高校に自己推薦枠（ＡＯ入試のようなもので面接だけで合否が決まる受験制度）で受験し、無事合格し、高校では実習中心の生活を楽しめるようになりました。

10 中学になって衝動的な行動が目立ち始めたＪくん（中１）

Ｊくんの幼児期は大人しく親の言うこともよく聞き、手のかからない子だったそうです。文字には早い時期から興味を持ち、入学前に絵本を読んだり計算も得意で、足し算引き算なども喜んでやっていたそうです。けれどもお母さんはきょうだいや他の子どもとは何か違う、といった漠然とした不安があったようです。

小学校に入学してお母さんのその感覚はますます強くなっていったそうです。具体的には規則やルールに厳密過ぎて融通がきかず友達に嫌がられる、一度決めたことをきちんとやることを人にも強要する（家でもお母さんが時間通りに食事の準備を整えないと怒る）など周りの人も巻き込むようになってきました。

高学年になると意見の食い違いで友達とトラブルになることも増え、相手が悪いのに謝らないことが許せず、教室内で大暴れしたり、しばらくたってもそのことを思いだすと怒りが込み上げてきて大声を出すなどが起きるようになってきました。普段は大人しく穏やかで、意見を言う時などはむしろしどろもどろになるくらいなので、その豹変ぶりに担任の先生も驚いたそうです。

勉強は字を書くことや手先を使う作業は苦手でしたが、暗記ものが得意で漢字検定や英語検定などを積極的に受け、順調に結果を出していました。

中学になり他の小学校の生徒たちも混ざる新しい環境で、規則に厳密なJくんの言動はからかいの標的になりました。Jくんの指摘発言を口真似したり、過剰に反応する相手に、Jくんは激怒し、彼の言動を収めようとする先生たちに対しても大声を上げて反発しました。

学習面では、授業中先生の話を聞きながらノートをとることがむずかしく、書くことがゆっくりなため、ノートをとることに集中するとまったく先生の話が聞けず、授業についていくのがむずかしくなってきました。成績が振るわないことでさらにＪくんはストレスをため、家でもイライラすることが多くなってきました。お母さんはＪくんの特性を知り、学校に彼を理解してもらおうと検査を申し込みました。

ＷＩＳＣ‐Ⅲ検査の時のようすは、年齢相応な印象ではありましたが、質問から思い出したのか、一人でくすくすと笑ったり、小さな声で何かつぶやいたりという場面がときどき見られました。「うん？　何？」と尋ねると「別に何でもありません」と答え、また思い出し笑いをすることもあり、同じ空間に相手がいることの意識が薄いように感じられました。スピードを要求される問題ではきっちりていねいにやることを優先するようなマイペースさも見られました。また答える前に質問の細かい点を一つ一つ確認する厳密な面も見られました。

結果は全般的な数値は年齢平均域にありました。言語理解の得点が他の群指数に比べ有意に高く、年齢平均より高かったものの、処理速度は年齢平均、およびＪくんの言語理解に比べ有意に低い結果が出ました。言語理解では知識量が豊富でむずかしいことばの意味も知っていましたが、独特なとらえ方をしているとも思われる答え方や、対人面に関しての質問にはイメージがわかず答えられないと言ったムラが見られました。処理速度の低さは手先の不器用さとマイペースさの両面からきていると思われました。

視点の偏りや興味関心のムラ、対人意識の弱さ、ルールに厳密な面などが日々の生活に影響を与え、不器用さとマイペースさ、多くの刺激を素早くまとめることの苦手さが授業についていくことにむずかしさをもたらしていると思われました。本人にも検査の結果を大まかに伝え、ノートのとり方の工夫や人との関わり方を提案しました。たとえば席を前にしてもらい、まず先生の話を聞き、板書が間に合わない時は見せてもらう人を決めておく、相手の気持ちを考えながらやりとりをすることが大切でその練習をする必要があることなどを話しました。

その後、学校にJくんの特性や対応を伝え、Jくんは医療機関でのカウンセリングと療育機関のグループ指導に通い、好きな英会話の習い事も始める中で、少しずつ感情表現の方法を身につけ、学校では部活の顧問の先生が彼のよき理解者となってくれたこともあり、大きな爆発はなくなっていきました。

11 学習意欲が低かったKくん（小6）

Kくんは電車が好きなおっとりとした6年生の男の子です。4歳の時「高機能自閉症」の診断がつき、知的に大きな遅れはありませんが自閉傾向があります。幼児期から療育を利用し、Kくんの状況をよく理解していた保護者は「Kはペースがゆっくりだし、大勢の中で話を聞くことは苦手」だから、と就学時には特別支援学級を選択しました。

学年が上がるとともにKくんはゆっくりながらも確実に成長していきました。1年生の頃から給食や音楽、図工といった技能教科を中心に通常の学級と交流していましたが、6年生になると算数以外は一人で交流に行くことが多くなりました。学習内容をすべて理解できているわけではありませんが、友達に興味を持ち始めていたのです。Kくんの在籍していた特別支援級は低学年が数名とKくんというクラス編成でした。Kくんは自分から働きかけることは少ないものの、6年生のクラスの活発な雰囲気に魅力を感じ、「上のクラス（6年の交流級）にいたい」と言ったことから交流が増えたそうです。

お母さんとしては友達に関心を持ち始めたのはうれしいことだけれども、交流での授業中は相変わらずぼんやりしていることが多いし、特に苦手な算数と漢字書き取りはなかなか定着せず、学力はどのくらいついているのかしら、中学はどういった学級や学校を選んだらいいのかしらと心配になりました。そして最高学年になったKくんの認知特性を見直すとともに学力の程度を把握し、学習方法や進路選択の参考にしたいとKくんの心理検査を希望されました。これまでの話をふまえた結果、KA

BC-IIを実施することにしました（61ページ参照）。

検査時のKくんは淡々とした様子でした。何とか思い出そうとか、じっくり考えようといったことはなく、諦めも早く意欲的とは言えない態度でした。また検査者にもわかるくらいの大あくびも頻繁にしていて、それを詫びることもありませんでした。

検査の結果は新しい問題を解く力を測る「認知尺度」も習得した知識を測る「習得尺度」も大きな差はなく、いずれも年齢平均より低く、いわゆるボーダーライン域にありました。そして尺度内にそれぞれ差が見られました。「認知尺度」では4つの尺度の中でも「継次処理」が他の3つの尺度に比べて高く、情報は少しずつ順番に提示したほうがわかりやすく、特に視覚情報よりも聴覚情報の方が保持しやすいこと、複数の情報を関連させたり統合させて考えることが苦手なことがわかりました。

また「学習」や「計画」の検査結果は高くなく、試行錯誤や方略の工夫が見られず自己修正もほとんど見られませんでした。このことから、自分でどうやったら問題が解けるかや、確認して間違えないようにするといった意欲や動機づけを高める工夫が大切と考えられました。また、「習得尺度」では「語彙」「読み」「書き」「算数」の中では語彙知識や漢字の読みは平均域だったものの、「算数」はかなり低く、特に文章題から立式することの困難さが顕著でした。

Kくんは通常級での漠然とした分からない状況に勉強をやや諦めている様子も感じられました。検査結果も踏まえ、本人の学習意欲を高めるために、特別支援級で①興味関心を取り入れた教材（Kくんの場合は鉄道路線に見立てたポイントシートや、電車にまつわる内容の文章問題を解くなど）の工夫、②指示やプリントの情報は整理して順序立てて伝えること、③算数の文章題ではキーワードを見つけてから答えを考える継次的なマニュアルを作り、漢字では書き順を唱えて覚える方法を行うこと、④お楽しみタイムに先を見通したり推理するゲームする、⑤対人マナーを意識する時間を作るなどを行うことにしました。また、これらの時間を確保するために交流の時間を少し減らすことにしました。

Kくんはしっかり勉強する時間が増えたことを始めは嫌がっていましたが、わかって楽しめる内容であることを実感するうちに不平を口にすることはなくなりました。また、中学の進路はKくんの特性とペースに合った環境がよいと保護者が判断し、発達障害のお子さんを対象とした私立中学を見学し、鉄道クラブのあるその学校をKくんも気に入り、無事合格して電車通学の中学生になりました。

12 合理的配慮を受けることを決めたLくん（中1）

Lくんは小学生の時に読み書きのLDの診断を受けました。小学校時代は本人の状況を保護者が伝え、それを踏まえて担任の先生の配慮があり通級も利用していました。４年生から読み書きの療育指導にも通っていました。これらの成果もあってか、読み書きはスムーズではないもののテストは7〜8割とれるくらいまで頑張り、持ち前の明るい性格で学校生活を楽しんでいました。

中学に入学し、予想はしていたものの教科書や黒板の文字の多さにLくんは愕然としました。それでも初めての定期テストでは彼なりに頑張って勉強したつもりでしたが、テスト問題を時間内に読み切れず、思うような得点がとれませんでした。

療育機関と家庭ではすでに読み上げソフトを利用していて、読めれば理解できることも分かっていたので、「別室での試験時間の延長を希望しよう」と、お母さんがLくんに話しました。みんなと違うことをするのにはじめは抵抗を示していたLくんでしたが、「わかっていることを認めてもらいたい」という思いから合理的配慮を希望することを納得しました。

意を決して伝えたものの、学校側は診断があるにもかかわらず「前例がないので……配置する教員の手も足りないので……」と受け入れようとはしてくれませんでした。そこで本人の困り感を客観的にわかってもらうためにKABC-Ⅱ及び他数種の読みや音韻の検査を行うことにしました。

やや緊張した表情で検査を始めたLくん、「認知尺度」の時は苦手な問題でも険しい顔をしながらも答えてくれました。「習得尺度」の文章の読みの問題ではスムーズに読めないことがとても辛そうで、途中から「もう無理」と言って、うつむいたまま黙ってしまいました。そこで検査者が読み上げた形式で答えてもらうことにし、「あなたが本当は理解できていることをわかってもらうためだから頑張ろうね」と言うと気をとりなおして取り組んでくれました。自力では拒否した問題も、代読すると全問正解できました。

検査の結果は「認知尺度」はボーダーラインでしたが尺度内に大きな偏りが見られました。「同時処理」と「計画」は平均より高く「継次処理」と「学習」は平均を大きく下回りました。また、「習得尺度」全体は平均域でしたが、「語彙」「算数」は平均より高く「読み」「書き」は平均を大きく下回りました。

漢字の書き取りは同音異義語の間違いや形態の似ている異なる字、細部の間違いなどがみられました。また制限時間の中で指定された文を書く問題では、書いた文は正しく書けていましたが、字を思い出すことに時間がかかるため完成できた問題数が少なく、結果として得点が低くなりました。またその他の読み速度や読みの正確さを測る検査、読みの基礎能力として必要とされる音韻認識を測る検査では平均を大きく下回りました。

これらの結果から知的能力に比して読み書き能力が弱いこと、読めないわけではないが多くの時間を要すること、順序立てて処理したり、新しい課題を保持する能力は弱いけれど情報を同時に関連付ける課題が得意なこと、意味理解は良好なことなどを報告書にまとめました。

保護者はこの報告書と診断書、今までの状況を書いたものを持参して教育委員会に相談に行きました。その結果、２回目の定期テストには間に合いませんでしたが、３回目からは別室で時間延長のもと、試験を受けることができるようになりました。

＊⑫は安住ゆう子「どんなサポートをしていますか?・」『相談・支援』窓口事典「ＬＤ・ＡＤＨＤ＆ＡＳＤ」明治図書、２０１８年１０月号をもとに加筆したものです。

第4章 家庭でできること

1 お手伝いの効果

お手伝いは家庭でできるもっとも優れた支援、指導方法の一つです。なぜならお手伝いは具体的で、繰り返しできるので目に見えた結果が得られやすいですし、家の誰かのために役立つという他者に向けての行動だからです。他者の役に立つことによって自己肯定感も育まれます。

「お手伝いさせていますか？」と聞くと「自分の食器を下げています」と答えるお母さんがときどきいますが、自分のことはお手伝いには入りません。まず自分のことを自分でできるのが大前提ではありますが、それができなければお手伝いをやってはいけないということでもありません。人のためにやって感謝されることは年齢の小さい子であってもうれしいことですし、そのうれしい思いから自分のことはきちんとやろうと思い立つこともあります。

また責任をもって継続できれば、遠い将来の仕事へのステップにもなりますし、自立＝一人暮らし、をする上での生活技術の習得としても重要な意味があります。幼児期から始め、習慣化し、大きくなっても家族の一員として、年齢に応じて何かしらのお手伝いをやり続けられるとよいでしょう。

お手伝いを習慣化するコツは、子どもの年齢や発達段階に合わせて頻度や一度にやる時間などを工夫することです。また、作業の手順もたとえばお風呂掃除なら、1番、スポンジに洗剤をつける、2番、はじから5回ずつこするなど具体的に示したほうがスムーズな子どももいます。やったことがはっきりわかるように回数を数えたり、キッチンタイマーをセットして行なうのもよい方法です。

お手伝い＝仕事とするなら決められた時間にやりとげることが最終目標になります。また小学校高学年くらいならそのときどきでやる必要があるのか（たとえば植物の水やりは天候によって判断する）、やる時間を変更させる（たとえば雨が降りそうなときに早めに洗濯物を取り入れる）といった臨機応変なお手伝いに取り組ませます。

やり始めや就学前の子ではこれらはむずかしいですから、夏休みや毎週土曜日など期間を限定したり、頻度を少なくして始めるとやりやすいでしょう。また、初めは大人が教える必要がありますので時間に余裕があるときに始めましょう。

子どもの特性に合わせ、苦手なことも楽しみながらチャレンジできるお手伝いをさせましょう。まずは子どもがやってみたいと思うもの、やりがいがあるものから無理なく始めることが大切です。そして「ありがとう」の感謝のことばかけを忘れずに。失敗しながら上手になればいいのですから、できなくて叱ってしまうようなお手伝いは、依頼した大人のほうの力不足です。

2 体を使ったお手伝い

【粗大運動を取り入れたお手伝い】

体全体を大きく動かすことを粗大運動といいます。人が何か動いて活動するためには基本となる動きです。体の動きがぎこちない子ども、腕力や筋力をつけたい子ども、また、体を動かすことが好きな子どもに向いています。

○お風呂掃除

洗剤をつけたブラシを使って力を入れて、はじからはじまで浴室をこすります。色のついている洗剤を使うとやった箇所がわかりやすいでしょう。水遊びにならないように時間を決め、ときどき確認します。

○新聞の整理

袋にきっちり詰め、ひも結びをし、指定の場所に運びます。新聞を互い違いに入れるときっちり入ることや、片結びのしかたなどていねいに教えましょう。

体を大きく使ったお手伝い

新聞整理

片結びのしかた、きれいな詰め方などを教えましょう

ぞうきんしぼり

きれいに折りそろえて、手首をひねる動きを教えます

○買い物で荷物運び

腕力を鍛えるにはよいのですが、子どもはあまり好まないかもしれません。ジャンケンで負けた人がつぎの柱まで持つなど、ゲーム性をもたせてもいいでしょう。

○窓ふき

上から下まで大きく腕を左右に動かす練習です。冬休みのお手伝いと決めて結露《けつろ》の激しい時期などにやると結果がはっきりとわかり、やりがいがあります。

○ぞうきんがけ、台ふき

ぞうきんしぼりは手首をひねる動きをマスターするのに最適です。四つばいでする廊下のぞうきんがけは手足の力をつけます。

【微細運動・目と手の協応・視覚認知を意識したお手伝い】

微細運動とは手先の細かい動きや力加減を調節させて行なう動きです。目と手の協応とは必要な箇所を目で見ながら、やはり必要な手の動きをしなやかに行なうことです。視覚認知とは見えているものの形、向きに注目して見る力です。いずれも身支度や作業、絵や文字を書くために必要な能力です。

調理の中にお手伝いのエッセンスがたくさんあります。

○お米とぎ

お米をざるに入れてこぼさないようにとぎます。手首をひねる練習です。終わりのタイミングがわかりにくいので回数を決めるとよいでしょう。

○野菜ちぎり

レタスやキャベツをサラダ用にちぎる、ミニトマトやイチゴのへたを取る、枝豆を枝からちぎる、こんにゃくをちぎるなど食材によって難易度が変わります。厚みや弾力があるものを小さくちぎるほどむずかしくなります。包丁を使わせる前にたくさんやらせましょう。キッチンバサミで色々な素材を切るのもよい練習です。切る、ではありませんがカニかまぼこや裂けるチーズをほぐしたり裂いたりするのも手先のいい練習になります。

○食材を混ぜる

卵、納豆、ホットケーキミックスを、泡立て器やお箸で手首を使って混ぜます。こぼさないように大きめの器やボールでやってみましょう。

○テーブルセッティング

それぞれの食器の置くべき位置や向きを確認して配膳させます。

手先の細かい動き
力加減が必要なお手伝い

野菜ちぎり

やわらかいもの、かたいもの、厚いもの、薄いもの、段階を踏んでちぎります

洗濯物たたみ

手のひらや指でしわを伸ばしてたたみます

○盛りつけ

料理の盛りつけのバランスに気をつけます。やはり位置や向きに注意する必要があり、目でものを意識的に見ることの練習になります。

○うちわであおぐ

酢飯を作る時や、夏場に大活躍します。手首が鍛えられ、鉛筆を持つ手がしっかりします。

○洗濯物を干す、たたむ

洗濯ばさみをしっかりにぎって開き、はさみます。洗濯物をたたむときは、指や手でしわを伸ばしてたたむことを教えます。

3 ワーキングメモリーを意識したお手伝い

ワーキングメモリーとは言われたことを瞬時に覚えておいたり、一度覚えたことを必要に応じて思い出すことです。言われたことをすぐ忘れてしまう、無意識に行動していてつぎに何をするのかわからなくなってしまうお子さんにワーキングメモリーを意識させるお手伝いをお願いしてみましょう。

○家の中で、物を持って来る

子どもに「たんすの一番上の引き出しからはさみとセロハンテープを持ってきて」などとお願いします。言われたことを覚え続ける練習です。

子どもに応じて一度に言う数や取りに行く場所を増やします。また、元に戻してもらうことも「さっき出した場所を覚えているかな？」などと言ってお願いします。

○複数の物を買ってくる

買い物が一人でできる子どもには複数の品物をリクエストして買ってきてもらいます。交通量が激しいなどでまだ一人で行かせるのが心配なら、売り場がわかっているスーパーで、お母さんはレジのそばで待っていて必要なものを複数取りに行ってもらいましょう。少し年齢の大きい子どもなら、カレーライスに入れる野菜3種類1袋ずつとか、家で決めている朝食セット4つ（たとえば食パン、牛乳、マーガリン、チーズなど）と言って持ってきてもらうのもいい練習です。商品の売り場が離れているばあい、どの順番に取りに行くと近道かなども考えながらやらせる方法もあります。ゲーム感覚で楽しくやってみましょう。

言われたことを繰り返し口に出す、指を折りながらいくつ頼まれたのか考える、頭に映像化するなど覚えやすくなる工夫も意識させます。メモしていきたいと言ったら、頭文字だけ書く（にんじんの

ワーキングメモリーを意識したお手伝い

物を取り出す

上下、左右を覚える練習にもなります

買い物をする

繰り返しつぶやいたり、指を折って忘れないようにしましょう

「に」など）など簡略化の工夫のしかたなども教えましょう。また、5個も6個も一度に覚えるのは大人でも難しいのでやりすぎに注意しましょう。

4 コミュニケーション能力を育てるお手伝い

コミュニケーションを必要とするお手伝いは相手しだいでアレンジが必要なのでお手伝いの上級編です。

○回覧板を回す

町内会の回覧板を隣の家に回します。毎月決まった相手に決まったことを言えばいいので比較的やりやすいお手伝いです。

○対面式の店での買い物

個人商店やクリーニング店など会話が必要な店にいきます。もし店員さんが言っていることがわからない時があったら、「もう一度言ってください」と言うように教えます。

○テレビで天気予報やニュースを見ておいて伝えてもらう

食事作りなどで親が忙しい時に代わりに見ておいてもらいます。注意して聞き取り、それを記憶し

コミュニケーション能力を育てるお手伝い

対面で買い物

ておいて、親に伝達します。

○エレベーターでボタンを押す

マナーの一部ですが、同じエレベーターに他の人が乗ってきたとき、「何階ですか」と聞いてその階のボタンを押し、人の役に立つことを体験させます。

5 計画・段取りを練習するお手伝い

ものごとがスムーズにいくような順番を考える、時間配分を考えて計画的に行動する、その時の状況に応じて優先順位を考えて、省略したり延長するなど。計画を立て判断してものごとを進めることは、非常に高度な能力が必要です。プランニング能力と呼ばれることもあります。自分の日々の生活が段取りよくいくことが大事ですが、お手伝いとして意識させることで他の人の活動や日常の自分の行動に関心をもてるようになります。

○タイムキーパー

時計が読めるようになったら、夕ご飯の時間や家族の入浴時間を伝える係をやらせます。調理時間のタイムキーパーもおすすめです。アラームつきの時計やキッチンタイマーをセットして時間を気にしすぎないように工夫します。時間の流れや時刻に気づくきっかけになります。

○買い物の順番や買い物の荷物の入れ方を考える

近い所から、軽い物から、冷めない溶けない物から買い物カゴに入れる、袋に入れる時は重い物から、固い物から入れるなどどうすると便利なのかをクイズのようにして考えさせます。そして便利さを実

計画・段取りのお手伝い

旅行の計画
時間や予算、みんなの好みを考えて計画を立ててもらいましょう

感できるとさらに工夫するようになります。

○外出計画を立てさせる

家族でお出かけするときに計画を立てさせます。家を出る時間から帰る時間を決め、その間どんなふうに過ごすのかを相談しながらスケジュールを立てさせます。時間、予算、みんなの希望など考えることはたくさんあります。地図を見る、インターネットで調べるなどやりがいがあり、高学年の子どもにとっては自由研究にもなります。

おわりに

学生時代から含めると私はいままで何人のお子さんに心理検査をとってきたのでしょうか。おそらく1000人は下らないかと思います。そしてその結果をもとに保護者や先生方と支援の相談を繰り返してきました。

本書にも書いた通り、心理検査は子どもの能力の一部を測ることしかできません。けれども同じ質問を同じようにたずねるという統制された行動観察場面では、結果の数値だけではなく、同じ条件下におけるさまざまな子どもの反応によって子どもの特徴を知ることができます。

そしてそれが子どもの日常のどのような場面とつながりが見られるか、またこの結果を日常のどんな場面にいかしたり、どんな取り組みをしていくとよいのか、また子どもの将来について、保護者や先生方と一緒に話しながら考えていくことは、何度経験してもとても責任が重いものです。まだまだ未熟ではありますが今回それを形にすることができうれしく思います。

第2章ではそれぞれの検査を作成したり、日本版を作られた先生、豊富な実施経験のある先生方にご寄稿いただきました。ありがとうございました。また、上野一彦先生には完成にあたってご助言と推薦の言葉をいただきました。合同出版の齊藤暁子さんにはなかなか原稿の進まない私をじっと辛抱強く見守っていただき完成に導いていただきました。

最後に、事例として登場していただいた10人の子どもたちは私が出会った1000人の子どもたちが凝縮されたものです。子どもたちやそのお母さん、お父さんとの出会いがあってこの本を完成させることができました。本当にありがとうございました。

改訂にあたって

心理検査のことを始めて知る保護者や先生方に向けてできるだけわかりやすい内容にしたい、という気持ちでこの本をまとめました。出版から4年経って、保育園や幼稚園の保護者文庫に置きました、通級指導教室の待合コーナーに置きました、といううれしいお話を聞きました。今回改訂版となり合理的配慮とKABC-Ⅱの事例を加えました。改めて手にとっていただける方がいてくだされぱうれしく思います。

安住ゆう子

■著者紹介

●編著者

安住ゆう子（あずみ・ゆうこ）

東京学芸大学大学院修士課程学校教育専攻発達心理学講座修了。

特定非営利活動法人フトゥーロ LD 発達相談センターかながわ所長。公認心理師、特別支援教育士 SV。著書に「子育てサポートブック」（編・共著／ LD 発達相談センターかながわ）、「自立のためのチェックリスト」（共著／ LD 発達相談センターかながわ）、「教室でできる特別支援教育のアイデア中学校編」（分担執筆／図書文化）、「教室・家庭でいますぐ使える SST」「あたまと心で考えよう SST ワークシート　自己理解・コミュニケーションスキル編」「あたまと心で考えよう SST ワークシート　社会的行動編」「聞きとりワークシート」（ともに、かもがわ出版）などがある。

●著者（2 章）

岡崎慎治（おかざき・しんじ）…DN-CAS 認知評価システム執筆

筑波大学心理・心身障害教育相談室非常勤相談員、同教育開発国際協力研究センター特別研究員などを経て現在筑波大学人間系准教授。

中島雅史（なかしま・まさし）…新版 K 式発達検査 2001 執筆

言語聴覚士。南医療生活協同組合みなみ子ども診療所、名古屋・キリスト教社会館南部地域療育センターを経て、2003 年に子どものためのあいち AAC 研究所を設立。

星井純子（ほしい・じゅんこ）…KABC- Ⅱ執筆

小学校の学級担任、通級指導学級担任、特別支援学校高等部担任、都立中野特別支援学校を経て、現在大田区発達障害支援アドバイザーなど。

名越斉子（なごし・なおこ）…絵画語い発達検査執筆

埼玉大学准教授。臨床心理士、特別支援教育士 SV。著書に「絵画語い発達検査」（日本文化科学社、共著）、「旭出式社会適応スキル検査」（日本文化科学社、作成代表）などがある。

装幀：守谷義明＋六月舎
本文イラスト　藤原ヒロコ
組版：酒井広美（合同出版制作室）

改訂新版
子どもの発達が気になるときに読む心理検査入門
特性にあわせた支援のために

2014年12月 1日　第1刷発行
2019年 2月20日　改訂新版第1刷発行
2021年 8月25日　改訂新版第2刷発行

編著者　安住ゆう子
発行者　坂上　美樹
発行所　合同出版株式会社
東京都小金井市関野町1-6-10
郵便番号　184-0001
電話　042（401）2930
URL　https://www.godo-shuppan.co.jp
振替　00180-9-65422
印刷・製本　新灯印刷株式会社

■刊行図書リストを無料送呈いたします。
■落丁乱丁の際はお取り換えいたします。

ISBN978-4-7726-1383-5　NDC370　210×148　